KB266920

듣는 엄마
말하는 아이

듣는 엄마
말하는 아이
송지희 지음
21세기북스

"나는 다시 태어나서
이런 부모를 만나고 싶다!"

맨 처음 부모가 됐을 때 어떤 느낌이 들었는지 기억하는가? **기쁘고 뿌듯한 마음, 책임감과 부담스러움, 두려움**도 느꼈을 것이다. 이렇게 상반되는 감정은 아이를 기르는 과정에서 늘 경험하게 된다. 아이가 말을 듣지 않거나 힘들게 할 때는 밉기도 하고 부모가 된 것이 버겁게 느껴지다가도 아이가 재롱을 부리거나 아무 시름없이 새근새근 잠들어 있을 때는 한없이 사랑스럽기만 하다. 부모는 사랑과 미움의 시소를 타며 자녀와 관계를 맺는다.

어떤 아이도 상처 없이 자라지는 못한다. 때로 넘어지거나 다쳐서 피가 나기도 한다. 그럴 때 상처가 잘 아물도록 약을 바르고 적절한 치료를 하면 아이는 별 탈 없이 자란다. 심리적인 상처도 마찬가지다. 부모도 불완전한 사람인지라 아이에게 때때로 상처를 줄 수 있는 말을 하기도 하고 야단을 치기도 한다. 그것이 아이 가슴에 남을 만큼 치명적인 상처만 되지 않는다면 아이는 심리적인 장애 없이 잘 자랄 수 있다.

아이가 육체적·심리적으로 상처 없이 자랄 수 있다면 바랄 것이 없겠지만 그것은 언제나 부모의 희망사항일 뿐이다. 중요한 것은 상처를 입더라도 그것이 치명적이 되지 않도록 잘 치유해주는 것이다. 아이가 때로 실수하고 실패하더라도 혼내거나 다그치기보다는 느긋하게 바라봐주고 다시 해볼 수 있도록 지지해줘야 하듯 **부모도 자신을 용인해주고 위로할 수 있어야 한다.**

자녀를 기르면서 부모가 죄책감을 갖거나 자신을 자책하는 것은 좋은 부모가 되는 걸림돌이 되기 쉽다. **"괜찮아" "그럴 수도 있지" "다시 해보지 뭐"**라는 낙관적인 태도로 자신의 실수를 허가해주는 마음가짐이 자녀에게도 긍정적인 영향을 미친다. 아이가 정서적으로 건강하게 자라려면 부정적인 감정을 되도록 짧게 경험하게 해야 한다. 간혹 부모가 아이를 혼내거나 감정 조절을 하지 못해 화를 냈다 하더라도 아이에게 사과하고 기분을 풀어주면 아이는 부모를 원망하거나 반발심을 갖지 않는다.

만약 다시 이 세상에 태어나면 어떤 부모 밑에서 태어나기를 원하는지 생각해봤는가? 아마도 많이 사랑해주고, 실수해도 용서해주고, 형제끼리 차별하지 않고, 하고 싶은 것을 막지 않고, 칭찬도 아끼지 않는 부모를 바랄 것이다. 어릴 적 자신이 어린아이였을 때 그런 바람이 잘 채워지지 않아 우린 알게 모르게 심리적인 결핍과 상처를 받았을 것이다. 자녀를 양육하면서 부모의 입장에서만 아이를 바라보면 아이 때문에 힘들고 고통스럽게 느껴진다. 그러나 **아이의 관점으로 보면 부모 때문에 아이도 힘들다**는 걸 느낄 수 있을 것이다. 아이 때문에 힘들다고 느껴질 때 당신은 부모에게 무엇을 원했는지를 떠올려보자. 그리고 부모가 어떻게 해줬을 때 행복했는지 헤아려본다면 무척 단순하고 쉬운 것들이었음을 깨우치게 될 것이다.

아이를 잘 기르기 위해 부모는 어떤 노력을 해야 할까? 사람들에게 앞으로 남은 생이 3일뿐이라고 했을 때 무엇을 하고 싶은가를 물어보면 의외로 단순하고 쉬운 것들을 떠올린다. **가족과 시간을 보내고, 함께 밥을 먹고, 미안한 일을 사과하고, 사랑한다고 말하겠노라** 한다. 아이들 역시 그런 것들을 부모에게서 바랄 것이다. 아이를 잘 기르는 것이 대단한 비법이나 거창한 능력을 필요로 하는 건 아니다. 가장 단순하고 쉬운 것을 일상생활 속에서 아이와 함께 나눌 때 아이는 행복감을 경험하고 부모에게서 사랑받는다고 느낀다. 이것은 자녀가 세상을 살아나가는 자존감의 바탕이 돼 타인과 더불어 살아가는 궁정적인 인생 태도로 발전된다.

훌륭한 삶은 자신이 행복하게 살아가는 것이다. 더욱 훌륭한 삶은 타인을 행복하게 해주는 것이다. 자녀가 스스로 행복해지고 세상을 좀 더 살 만한 곳으로 만드는 데 기여할 수 있도록 토대를 만들어주는 사람은 부모다. 자녀를 기르는 부모는 때로 불안과 부담을 느끼며 내가 부모 노릇을 잘하고 있는지 회의를 느낄 때도 있다. 이때 부모가 방향을 잃어버리면 부모로서 좌절감을 느끼기도 한다. 이 책이 부모 역할의 방향 잡기에 도움이 되고 부모 역할에 힘겨워하는 부모님들께 힘이 될 수 있기를 바란다. 아이와 부모는 같이 커나가고 성숙해지는 관계다. 서로 부대꼈던 시간들이 먼지처럼 켜켜이 쌓여 '부모 됨'과 '돌봄'을 받은 역학관계가 사랑이 된다. 단언컨대 아이와 부모 모두 **다시 태어나 만나고 싶은 부모의 모습**도 반드시 그러할 것이다.

이 책이 나올 수 있도록 함께 기획하고 편집을 맡아 주신 김선미 팀장님과 생활문화팀, 그리고 김영곤 대표님께 감사의 마음을 전한다.

CONTENTS

Chapter 04

아이를 성실하게 만드는 대화

chapter 01

내 아이,
다르게 보자

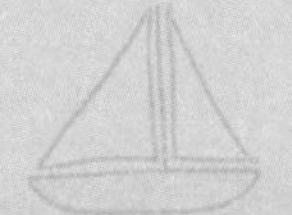

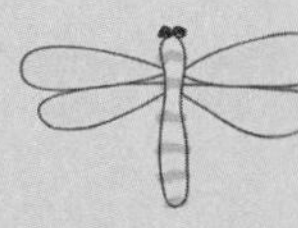

아이의 롤모델은 부모다

아이를 낳으면 누구나 부모가 된다. 부모가 되는 것은 선택할 수 있으나 한 번 부모가 되고 나면 '부모 됨'을 그만두거나 포기할 수 없다. 아이를 낳은 부모에게 있어서 '부모 됨'은 숙명이다. 자신이 선택한 직업이 적성에 맞지 않을 경우에는 그 일을 그만두고 다른 일을 선택할 수 있지만 부모라는 직업은 한 번 선택하면 전업이나 이직은 물론 휴업, 폐업조차 할 수 없는 평생직장이자 평생직업이다. 부모라는 직업은 누구도 그 자리를 대신할 수 없으며, 자신이 부모로서 적성이 맞지 않는다 해도 아이를 낳아 부모가 됐다면 부모로서 적성을 높이기 위해 노력을 기울여야 한다. 실력이 부족한 코치에게서 훌륭한 선수가 나올 수 없듯 적성이 부족한 부모에게서 훌륭한 아이로 자라기는 어렵다.

한 엄마의 하소연이다. 이제 갓 6개월이 지났는데 아이의 기저귀를 가는 일이 몹시 비위에 거슬린다는 것이다.

"기저귀를 갈 때마다 기분이 몹시 불쾌하고 아이의 배설물 냄새가 싫어요."

아내는 남편이 귀가하면 기저귀 가는 일을 전담시킨다. 남편은 그런 아내에게 엄마로서 자격 미달이라며 비난한다. 그러다 부부싸움이 잦아져 부부관계도 금이 가기 시작한다.

대부분의 부모들은 남의 아이 배설물은 지저분하게 생각해도 내 아이의 것은 그렇지 않다고 생각한다(심지어 그것마저 사랑스럽고 자랑스럽다는 부모도 있다!). 그런데 기저귀 가는 일을 힘들어할 정도라면 확실히 부모 적성이라는 측면에서 미달된다(그렇다고 개인의 취향이나 선호도, 기호까지 매도돼선 안 된다).

38개월 된 아이를 둔 엄마는 아이 시중을 들고 아이를 보살피는 일이 지옥 같다고 하소연한다. 엄마는 자신을 성가시게 하는 아이가 귀찮아서 백일이 지나자마자 아이를 놀이방에 보냈다. 직장을 다니지 않는 전업주부임에도 불구하고 아이를 아침 9시부터 6시까지 종일반에 아이를 맡기고 있었다. 아이가 안아달라고 다가오면 엄마는 아이를 밀쳐내곤 하는데 그 이유는 아이가 달라붙는 것이 싫다는 것이다. 아이는 떼어놓으려고 하면 할수록 잠시도 엄마와 떨어지는 것을 참지 못하고 수시로 엄마를 찾는 심한 분리불안에 시달리고 있었다. 그런데도 엄마는 아이를 놀이방에 맡기고 있었다.

사실 아이를 돌보는 데 있어 육체적·정신적으로 많은 에너지를 필요로 한다. 특히 아이가 어릴수록 엄마는 이것저것 챙겨야 하므로 더 힘이 든다. 번거롭고 성가신 육아를 기꺼이 받아들이고 행복한 육아를 즐기는 엄마가 있는가 하면 '부모 됨'을 받아들이지 못하거나 부모로서 정체성을 찾지 못해 어려움을 호소하는 경우도 있다. 부모라는 생소하고 낯선 직업도 '부모 됨'이라는 적응 과정이 필요하다. 이 과정에서 부모로서 안정적인 정체성을 형성할 수 있어야 육아의 어려움이 단순한 고통이 아닌, 행복한 미래를 위한 즐거운 투자라는 걸 깨닫게 된다.

나의 부모 적성은?

□ 아이의 울음이 어떤 의미인지 금방 알아차릴 수 있다.

□ 아이와 함께 있으면 행복하다.

□ 어릴 적 내 부모는 나를 잘 보살펴줬다.

□ 부모는 내 말을 잘 들어주었다.

□ 화를 참을 수 있는 방법을 알고 있다.

□ 스트레스가 쌓이면 적절하게 풀어서 관리한다.

□ 남편과 사이가 좋다.

□ 아이가 칭얼거리거나 울음을 터뜨리면 기분이 언짢아진다.

□ 아이를 돌보고 가사 일을 하면서 세상과 단절된 기분을 자주 느낀다.

□ 나는 어릴 적 부모로부터 보살핌을 받은 기억이 희미하다.

□ 부모에게서 받은 상처가 잊히질 않는다.

□ 화가 나면 순간적으로 자제력을 잃고 폭발한다.

□ 스트레스가 쌓여도 풀 수 있는 방법이 없다.

□ 남편과 사이가 좋지 않다.

각각의 7개 문항 중 어느 범주에 ○를 많이 표시했는지 알아보자. 위쪽 문항에 ○를 많이 표시했다면 부모 적성이 높은 상태로 '부모 됨'을 잘 받아들이고 있다. 아래쪽 문항에 ○를 많이 표시했다면 부모 적성이 낮은 상태로 부모 적성을 높이기 위해 노력해야 한다.

따뜻한 부모

기본적으로 부모가 아이에게 주는 사랑은 '따뜻함'이다. 겨울철 아랫목에 놓여 있는 화롯불 같이 부모는 항상 식지 않는 사랑을 품고 있어야 한다. 아이가 갑자기 자지러지게 울어댈 때 아이가 무엇 때문에 우는지, 어떻게 하면 편안하게 해줄까를 궁리하는 부모가 있는가 하면 아이의 울음에 짜증이 나서 귀를 막고 외면하는 부모가 있다. 당신은 누구에게서 '따뜻한 사랑'을 느낄 수 있겠는가. 아이는 엄마의 포근한 품속에서 안전하고 따뜻함을 느낄 것이다. 당신 역시 슬플 때 꼭 안아주며 위로해주는 부모의 모습, 즐거운 일이 있을 때 함께 기뻐해주며 환호해주는 부모의 모습, 잘못했을 때 용서로 관대함을 보여주는 부모의 모습을 원했을 것이다. 아이의 바람을 민감하게 알아차리고 받아줄 수 있는 부모는 아이에게 따뜻한 부모로 인식된다.

당신의 부모는 어떤 모습이었는지 회상해보자. 당신의 바람을 잘 충족시켜준 부모였다면 당신 역시 따뜻한 부모로서 아이 양육을 잘할 수 있다는 자신감이 생길 것이다. 만일 부모에게서 따뜻한 보살핌을 받은 기억이 희미하다면 자신이 원했던 부모의 모습을 적극적으로 이미지화하기 위해 노력해야 한다. 자신 안에 구체적인 부모상을 확립할 수 있어야 부모로서 올바른 정체성을 형성할 수 있고 아이 양육에도 자신감이 생긴다.

아이 삶의 밑그림은 부모다

아이는 부모의 모습을 여과하지 않고 스펀지처럼 그대로 흡수한다. 부모라면 누구나 자식에 대한 기대가 있다. 아이가 장차 행복한 사람이 돼 사회 구성원으로서 원하는 바를 잘 이루길 바란다면 아이에게 바라는 모습 그대로를 부모가 몸소 행동으로 보여주고 실천할 수 있어야 한다. 사회에 해악을 끼치는 사람들은 대부분 어린 시절 부모로부터 받은 학대의 경험이 있다. 구 소련의 냉전체제 독재자 스탈린은 어린 시절에 알코올 중독자 아버지에게서 심한 구타와 욕설을 들으며 모욕감을 경험했다. 부모에 대한 원망은 복수심으로 발전했고 아버지에 대한 원한은 사회에 대한 원한으로 확대됐다. 이후 성인이 돼 자신의 노선에 반대하는 사람들을 무차별적으로 숙청하고 많은 인명을 빼앗는 무자비한 독재자가 됐다. 반면 고르바초프는 개혁 개방의 기치를 내걸고 동서 냉전 체제를 무너뜨렸다. 그는 어린 시절 조부모와 부모님 밑에서 많은 사랑을 받으며 자랐다. 집안 분위기는 화목했고 자신의 의견을 잘 받아주는 할머니, 할아버지, 부모님이 계셨다. 안정된 가족 분위기에서 충분한 사랑을 받고 자란 그는 정서가 왜곡되지 않았다. 사람을 하나로 묶고 서로 화해하며 통합하는 능력은 아마도 어린 시절 따뜻한 가족들의 사랑을 통해 내재화됐을 것이다.

아이는 부모의 모습을 동일시하며 성장해간다. 부모가 자녀에게 보여주는 모습은 이후 아이가 살아갈 삶의 밑그림이 되며 전 생애에 걸쳐 영향을 미치게 된다.

"나처럼 살지 마라."

이렇게 말하는 부모가 있다. 그러나 우리 역시 어느 사이엔가 부모와 닮아 있고 부모와 똑같은 방식으로 말하고 생활하는 자신을 발견하기도 한다. 아이는 부모가 하는 말과 행동이 다를 때 부모의 말보다 행동을 모방하며 자란다. 아이가 행복한 사람이 되기를 바란다면 불행한 삶을 살며 "나처럼 살지 말라"고 하기보다 긍정적이고 행복하게 살아가는 모습을 통해 "나처럼 살아라"는 메시지를 전해 줄 수 있어야 한다. 부모가 행복하게 살아간다면 아이들은 부모가 굳이 강요하지 않아도 자연스럽게 부모의 모습을 닮아갈 것이다.

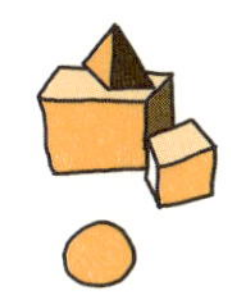

아이를 바라보는 새로운 시각

아이가 **잘 자라기 위해서는** 신체적인 발달뿐 아니라 **정서적·행동적 발달이 균형 있게 이뤄져야** 한다. 어느 공공도서관에서 열린 강의에서 있었던 일이다. 강의 시간에 앞서 온 몇몇 엄마들이 대학 입시 관련 책을 밑줄 쳐가며 열심히 읽고 있었다. 그 엄마의 아이는 다섯 살이었다. 순간 나는 '저 집의 아이가 힘들 수 있겠다'는 생각이 들었다. 아이가 엄마와 상호작용을 하면서 편안한 정서를 형성해야 할 시기에, 엄마는 아직 다가오지도 않은 아이의 대학 입시를 걱정하고 있다면 아이를 정상적으로 키우기 어려울 것이다. 무엇보다 그 엄마는 아이 양육에 대해 많은 불안과 부담을 갖고 있었고 무척 긴장되고 경직

돼 보였다. 부모의 막연한 불안이 아이에게 고스란히 전가된다면 아이는 건강하게 발달하기는커녕 행복한 사람으로 자라기도 어렵다.

다음은 중학교에서 시행한 학부모 연수를 할 때 만났던 부모 이야기다. 중학교 1학년 딸아이를 둔 한 엄마는 아이 때문에 지옥 같은 생활을 하고 있었다. 아이가 학교에 무단결석을 하는가 하면 돌발적인 충동이 강해 먹고 싶은 것을 참지 못해 매일 밤 12시가 지나도 아이가 먹고 싶다는 것을 사다줘야 한다는 것이었다. 하루 종일 텔레비전이나 컴퓨터 앞에 앉아 있기 일쑤고 부모의 말은 무조건 거부한다고 한다. 엄마는 연수 프로그램에 참가해 부모 역할을 잘하지 못한 것과 아이에게 많은 상처를 주고 건강한 발달을 도와주지 못한 것을 후회하고 있었다. 심지어 아이의 어릴 적 기억을 모두 지우고 싶다고 했다. 그러나 아이가 부모와 겪었던 부정적인 감정을 기억에서 없애기는 매우 어렵다. 그래서 마음에는 빼기가 없다. 아이 마음에 난 상처를 지우고 싶다면 긍정적인 경험을 듬뿍 담을 수 있도록 도와줘야 한다. 좋은 경험이 상처를 이겨낼 수 있는 힘이 된다. 무엇보다 부모가 시행착오를 줄여 아이가 상처를 받지 않도록 성장과 발달 과정에 맞게 좋은 환경을 마련해주는 것이다. 그러기 위해서는 부모도 아이가 자람에 따라 필요한 역할을 인식하고 변화해야 한다. 자녀는 쉼 없이 성장하고 발달해간다. 그런데도 부모가 한자리에 머물러 과거의 방식을 답습하고 있다면 자녀의 성장을 도와주기란 어려울 것이다. 자녀에게 좋은 부모가 되려면 자녀의 성장 단계에 맞춰 부모의 역할도 변해야 한다.

자녀 양육에 대해 올바른 방향성을 갖고 있지 않으면 아이가 자라면서 점점 나타나는 변화에 당황하게 된다. 대처 방법도 모르기 때문에 아이를 더 힘들게 만들 수도 있다. 물론 부모 역시 아이 양육에 지쳐 무기력해지거나 부모로서 자신감을 상실하고 절망에 빠지기도 한다. 아이가 부모를 가장 많이 필요로 하는 시기는 영아기다. 아이는 성장해가면서 부모에게 의존하던 것에서 혼자 할 수 있는 힘이 생겨난다. 아이가 온전한 인격체로 독립해 자율적인 사람이 되기 위해서는 일정 기간 동안 부모가 아이의 성장을 도와줘야 한다는 건 변함없는 진리다.

아이가 태어난 이후의 10여 년은 참으로 중요하다. 이 시기는 아이가 평생을 살아갈 삶의 태도를 형성하기 때문이다. 10세까지의 발달을 잘 도와주면 그 이후 아이는 스스로 주도적이고 자발적인 사람으로 성장해나가고 어려움도 잘 이겨내는 긍정적인 사람이 될 수 있다. 아이가 잘 자라서 적극적으로 자신의 생활을 관리해나가는 걸 보면 부모도 뿌듯하고 아이를 대견하게 생각할 것이다. 아이가 부모를 필요로 하는 유아기에 부모가 우울하거나 스트레스 때문에 부모 역할을 잘하지 못하면 그 이후에는 부모로서 더 큰 부담과 짐을 질 수밖에 없다.

유아에게 부모는 양육자이자 훈육자

유아기에는 부모가 양육자로서 육체와 정신이 건강한 아이로 자랄 수 있도록 도와줘야 한다. 아이가 행복한 사람으로 성장하려면 주 양육자인 부모와 든든한 신뢰관계가 먼저 형성돼야 한다. 부모와 아이의 좋은 신뢰관계를 바탕으로, 아이는 긍정적인 사람으로 성장하고 좀 더 다양한 사회관계를 만들어나갈 수 있다.

아기는 태어날 때부터 무기력한 존재로 태어난다. 아기는 스스로 할 수 있는 것이 아무것도 없기 때문에 자신을 도와줄 사람이 필요하다. 엄마에게 절대적으로 의존해야만 생존할 수 있는 것이다. 아기가 18개월 이전에 1차 애착 대상(주로 어머니)과 어떤 관계를 형성하는지는 아이가 커서 사회적으로 어떻게 행동할지를 그대로 보여주는 나침반 역할을 한다. 아이와 애착 형성을 잘하기 위해서는 아이를 양육하는 엄마가 아이를 단순히 배고프지 않게 먹여주는 것보다 아이에게 사랑과 위안을 주는 정서적 · 감정적인 반응이 더 중요하다. 또 부모는 아이를 자율적인 사회인으로 자라도록 도와야 한다. 아이가 하고 싶은 일을 마음껏 해보게 하는 것도 중요하지만 자신의 욕구를 조절하고 통제할 수 있는 훈련도 해야 한다. 유아기부터 자기조절력을 길러주면 커서 참을성, 인내, 끈기를 발휘할 수 있게 된다. 아이의 행동에 대한 긍정적인 반응은 유아기, 특히 자립심이 키워지는 단계에서 아이의 성장을 위해 매우 필요한 것이다. 아이의 의지를 건강하게 길러주기 위해서는 아이가 자신의 행위를 긍정적으로 바라보는 것이 중요하다. 옳지 않은 선택에 대한 엄격함도 간과할 수 없다. 아이는 자신이 선택할 수 없는 것도 있다는 걸 배워야 한다.

초등학생에게 부모는 격려자

아이가 초등학생이 되면 부모는 격려자의 역할을 해야 한다. 아이가 작은 성취를 이룰 때 긍정적으로 바라보고 응원해줄 필요가 있다. 아이가 실패를 이겨내도록 든든한 지지자가 돼야 하고 좋은 습관을 형성하도록 많은 관심을 가져야 한다.

초등학교 아이들은 선생님이 시키는 심부름도 의욕적으로 수행한다. 무엇이든 "저요! 저요!"하며 의욕을 보이고 최선을 다해 노력하는 모습을 볼 수 있다. 이 시기의 아이들은 근면성을 키워가는 시기이므로 불평 없이 힘든 일도 잘해낸다. 아이들이 근면성을 익히려면 학교 숙제, 준비물 등을 스스로 할 수 있도록 유도해야 한다. 또 짧은 시간이라도 복습과 예습을 할 수 있도록 습관을 만들어줘야 한다.

좋은 습관을 키우면 기본적으로 근면성을 갖게 되고 중학교, 고등학교에 올라가서 주도적인 학습을 하게 된다. 습관은 '제2의 천성'이라는 표현처럼 운명을 바꿀 수도 있는 것이다. 아이가 좋은 습관을 몸에 익히도록 도와준다면 아이는 습관을 토대로 자신의 삶을 개척해나갈 것이다. 유아기에는 규칙과 자기조절력을 배워야 하는 시기이므로 아이의 행동에 대해 일관성을 가지고 구체적으로 지시해야 하는 반면, 아이가 학교에 입학하고 학년이 올라감에 따라 부모의 지시를 줄이는 대신 아이에게 적절한 질문을 통해 스스로 해답을 찾을 수 있도록 도와줘야 한다.

청소년에게 부모는 상담자

아이가 사춘기에 접어들면 부모는 아이로부터 한 발짝 물러나 아이의 생활을 간섭하거나 통제하지 않으면서 아이가 고민이 있거나 힘들어 할 때 아이의 말을 잘 들어주는 상담자의 역할을 해야 한다. 사춘기 아이의 관심과 에너지는 온통 바깥에 쏠려 있다. 이때 부모는 역할에 집착하기보다 관심을 다른 데로 돌려야 한다. 아이의 인생을 간섭하거나 지배하지 않는 데 신경을 써야 한다. 10대 아이들의 행동은 밀려왔다 금방 잔잔해지는 파도와 같다. 스스로 알아서 잘하다가도 한순간에 어린아이처럼 다가오기도 한다. 의젓하게 있다가 뚜렷한 이유 없이 갑자기 반항적으로 나오면서 트집을 잡기도 한다.

부모는 아이가 물결처럼 오르락내리락하면서도 꾸준히 앞으로 나아가고 있다는 사실을 인식해야 한다. 이 시기를 비교적 순조롭게 넘기는 아이도 있지만 많은 아이들은 그렇지 못하다. 아이의 계속되는 반항은 부모의 둥지를 벗어나기 위해 애쓰는 것임을 인식하고, 아이를 낳을 때의 고통처럼 부모 품에서 독립하기 위해서는 아이와 부모 모두 약간의 아픔이 따른다는 사실을 받아들이도록 하자.

아이 내면의 힘을 키우자

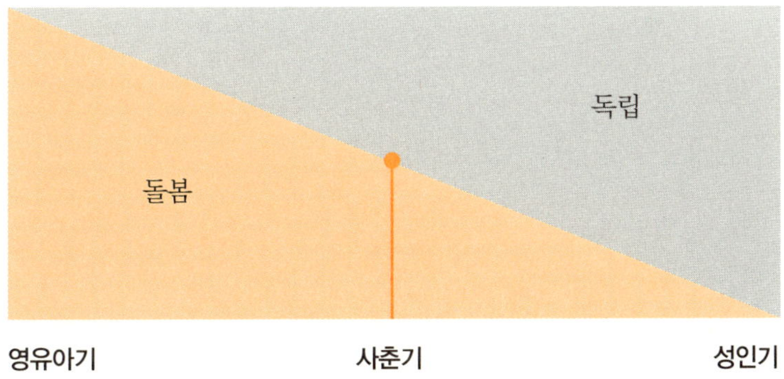

그림에서 보듯이 영유아기부터 사춘기가 되기 전까지 아이는 부모의 돌봄이 필요하다. 부모의 적절한 보살핌 속에서 아이는 행복한 인생을 살아가기 위한 토대를 만들어간다. 사춘기를 기점으로 아이는 부모의 돌봄을 별로 필요로 하지 않는다. 이 시기가 되면 부모는 아이가 독립할 수 있도록 적절한 거리 두기를 해야 한다. 이 시기에 아직도 아이를 어린아이로 취급하면서 아이의 모든 생활에 관여하고 간섭하면 아이의 건강한 독립이 어려울 뿐 아니라 부모와 자녀간의 관계도 깨지고 만다. 실제로 사춘기가 지나고 나면 부모는 아이에게 해줄 수 있는 게 많지 않다. 부모의 자리를 지키고 아이를 바라봐 주는 것밖에 할 수 있는 게 없다. 그래서 아이가 부모를 필요로 하는 10여 년의 시기가 가장 중요하다고 보는 것이다.

발달심리학자 에릭 에릭슨(Erik Erikson)은 아동기의 아이는 자신이 겪는 발달의 결과에 따라 '자아 강도'라는 내적인 힘이 생겨난다고 한다. 그는 건강한 아동기를 보내기 위한 네 가지의 기본적인 '자아의 힘'을 강조했는데 바로 희망, 의지, 목적, 능력이 그것이다. 아이가 태어나 부모와 좋은 애착관계를 형성하고 부모를 전적으로 신뢰할 수 있을 때 아기는 세상을 살아 갈 '희망'을 갖게 된다. 또 아이가 자라면서 걷기 시작하고 부모로부터 심리적으로 독립하기 위해 다양한 노력을 기울일 때 아이가 실수하거나 미숙한 모습을 보이더라도 부모가 지나치게 아이를 혼내거나 수치심을 주지 않으면 아이는 자율성과 함께 '의지'를 갖게 된다. 아이가 좀 더 자라 주도하려는 성향이 강해지면 부모가 아이의 자발성을 수용하고 아이가 해보고 싶은 것을 할 수 있도록 배려해주면 아이는 '목적의식'을 갖게 된다. 또, 아이가 학교에 들어가 스스로 할 수 있는 것들을 해내고 작은 성취감을 느낄 때 이를 부모가 적극적으로 지지해주고 긍정적인 반응을 해주면 아이는 근면성을 키워감으로써 자신의 '능력'을 믿게 돼 '나는 할 수 있다'는 자신감을 체득하게 된다는 것이다.

심리치료사 팜 레빈은 어린 시절에 개발된 희망, 의지, 목적, 능력 등 이 네 가지의 기본적인 힘이 사춘기 이후 인생 전체를 통해서 재생된다고 주장한다. 그의 이론대로라면 어린 시절의 건강한 정서 발달이 삶 전체에 영향을 미치게 되는 것이다. 부모와 함께 생활하는 유아기나 아동기의 중요성을 잘 인식하고 아이가 정서적인 문제없이 잘 발달해나가도록 도와주자. 아기가 태어나서 부모와 너무 빨리 분리될 경우 아이는 또래 아이에 비해 공격적이 될 가능성이 높다. 좋은 교육 환경을 제공하기 위해 어린아이들이 부모와 떨어져 조기 유학을 하는 것이 얼마나 위험한 것인지를 모두 인식해야 한다. 조기 유학이 아이가 더 강해지고 자립적이 될 것이라고 믿고 싶겠지만 아이의 '내적인 힘'이 생겨나기 전에 부모로부터 격리되는 것은 아이에게 심한 불안과 두려움을 안겨줄 수 있다.

03

I'm ok! You're ok!

사람은 한 번 일정한 태도를 취하면 그것을 강화함으로써 **자신의 세계를 예측 가능한 상태로 만들려는 경향**이 있다. 운전하다가 가벼운 접촉 사고를 당했을 때 어떤 사람은 큰 사고가 아닌 것을 다행으로 여기는가 하면 또 다른 사람은 다짜고짜 상대방에게 화를 내며 시비를 거는 사람도 있다. 이것이 그 사람이 갖고 있는 기본적인 태도 때문이다. 특정한 상황에서 일관된 행동 패턴을 보이는 것은 그 사람의 평생을 통한 입장이 돼 그런 형식의 인생 태도를 근원으로 삼게 된다. 심리학자이며 교류분석 이론의 창시자인 에릭 번(Eric Berne)이 말했다.

"인생 태도란 한 사람이 인생에 대처하는 기본적인 반응 경향이다.” 즉 인생 태도는 한 사람이 인생을 살아가는 생존법인 것이다.

인생 태도는 어떻게 형성되나?

아이는 태어나서 5, 6세가 될 때까지의 경험을 토대로 세상에 대한 기본적인 태도를 형성하게 된다. 이 태도는 성장 후에 성격의 한 부분이 돼 특정한 행동이나 반응 양식으로 나타난다. 유아기에 만들어진 자신과 타인에 대한 결단은 그것이 전혀 비현실적인 것이라 해도 아이에게는 무척 중요하다. 예를 들어 아이가 부모에게서 놀림을 받거나 바보 취급을 당하면 아이는 자신은 바보이며 다른 사람은 모두 자신보다 우월하다는 생각을 하게 될 것이다. 그렇게 되면 아이는 이렇게 생각한다.

　“나는 OK가 아니지만 다른 사람은 모두 OK다.” 이런 인생 태도를 갖게 되면 학교에 가서도 실패해 자신은 능력이 없다고 생각하기 쉽다. 이는 어른이 되어서도 그대로 이어져 일할 때나 개인생활에서 그동안 고수해온 인생 태도를 행동으로 보여줌으로써 자신의 인생 태도를 실현하게 된다. 자주 실수하고 과오를 범해서 꾸중을 듣는 패턴이 반복되면 아이는 사신이 부족하고 모사라는 사람이라고 느끼게 되고 그런 생각이 점점 강해지면서 인생 태도로 정착되는 것이다. 사람은 누구나 자신의 인생에 대해 다음과 같은 두 가지 질문을 갖는다.

□ 나는 이 세상에서 어떤 존재인가?
□ 다른 사람들은 나에게 어떤 존재인가?

이 두 가지의 질문에 대해 OK인가? NOT OK인가? 하는 결단이 인생 태도의 기초가 되는 것이다.

□ 6세 전후까지 부모(양육자)와 어떻게 교류했나?
□ 6세 전후까지 아이에게 제공된 환경이 어떤 환경이었나?
□ 아이가 긍정적, 부정적인 자극에 어떻게 반응했나?
□ 어떤 심리적 태도가 반복되고 강화됐나?
□ 아이가 가장 빈번히 취하는 태도는 무엇인가?
□ 중대한 국면에서 어떤 태도를 취하나?

여기서 도출된 결과에 따라 긍정적 혹은 부정적인 인생 태도가 만들어진다. 아이에게 제공된 정서적인 환경의 영향으로 아이의 기본적인 인생 태도가 만들어지는 것이다. 기본적인 두 가지의 태도는 다음과 같다.

긍정적 태도	부정적 태도
안심할 수 있다. 강하다.	안심할 수 없다. 약하다.
사랑받고 있다.	사랑받을 가치가 없다.
좋은 사람이다.	보기 싫다.
살아 있는 가치가 있다.	머리가 둔하다.
올바르다.	어린아이 같다.
즐겁다.	답답하다.
아름답다.	동작이 느리다.
할 수 있다.	실패한다.
도움이 된다.	무지하다.
뛰어나다.	무엇을 해도 안 된다.
하면 잘 된다.	뒤떨어진다.
자기실현을 하고 있다.	자기실현이 안 된다.

실패했을 때 '나는 안 돼' '나는 별 볼일 없는 사람이야'라고 생각해서 낙담하는 사람이 있는가 하면 **'뭐가 문제였을까?' '다시 한 번 해보자'**라고 낙관적인 태도를 가지고 도전하는 사람도 있다. 자신이 어떤 인생 태도를 가졌는가에 따라 상황을 바라보는 관점이 달라지는 것이다. 이는 유아기 때 부모나 다른 양육자로부터 받은 접촉의 양과

질에 따라 자신과 타인에 대한 인생 태도를 결정한 결과다.

**아이는 자신에 대한 인생 태도를 결정할 때
다음과 같은 결론을 내린다**

나는 언제나 바른 일을 한다. (I'm OK)	나는 무엇을 해도 잘할 수 없다. (I'm NOT OK)
나는 누구보다 선량하다. (I'm OK)	나는 살 가치가 없다. (I'm NOT OK)
나는 똑똑하고 현명하다. (I'm OK)	나는 내가 생각한 대로 할 수 없다. (I'm NOT OK)

**아이는 타인에 대한 인생 태도를 결정할 때
다음과 같은 결론을 내린다**

사람들은 모두 멋지다. (You're OK)	사람들은 모두 형편없다. (You're NOT OK)
사람들은 나를 도와준다. (You're OK)	사람들에게서 나는 괴로움을 당한다. (You're NOT OK)
사람들은 모두 정직하다. (You're OK)	사람들을 신뢰할 수 없다. (You're NOT OK)

에릭 번은 부모로부터 아이가 어떻게 양육됐느냐에 따라 자신과

세상에 대해 갖게 되는 위의 두 가지 관점에 따라 다음의 네 가지 기본적인 인생 태도가 형성된다고 했다.

□ 나는 OK가 아니며 당신은 OK다. (자기 부정, 타인 긍정)
□ 나는 OK가 아니며 당신도 OK가 아니다. (자기 부정, 타인 부정)
□ 나는 OK, 당신은 OK가 아니다. (자기 긍정, 타인 부정)
□ 나는 OK, 당신도 OK다. (자기 긍정, 타인 긍정)

네 가지 인생 태도는 어떤 특징이 있을까?

1. 자기 부정, 타인 긍정

모든 아이는 성장 초기에 이런 태도를 취한다. 막 태어난 아기는 스스로 할 수 있는 게 아무것도 없다. 돌봐주는 사람에게 완전히 의존하는 상태다. 이때 양육자가 아이가 보이는 신호에 잘 반응해주지 않을 때 아이는 양육자의 기대에 맞게 행동하지 않으면 사랑받기 힘들다는 걸 인식한다.

아이가 성장하면서 실수할 때 부모가 꾸지람하고 나무라면 아이는 반복된 실수를 경험하며 다른 사람과의 관계에서 자신은 항상 열등하다는 생각을 가지게 된다. 다른 사람들은 자신과는 반대로 자유롭게 행동할 수 있는 존재로 믿게 돼 자기 부정, 타인 긍정의 인생 태도를 취하게 된다. 어른이 돼 사회인이 된 후에도 항상 자신은 뭔가 부족하고 무가치하게 느껴지고 무력하다는 감정 태도를 강화시킨다.

아이의 몸은 작고 허약해 주위 어른들에 비하면 신체적으로 열세다. 그래서 아이들은 본능적으로 어른에 대해 열등감을 가진다. 이를 보충할 만한 충분한 관심과 사랑이 주어지지 않으면 이런 태도를 몸에 익히게 될 것이다.

2. 자기 부정, 타인 부정

아이는 돌이 지나면 혼자 걸을 수 있게 되고 움직임이 많아진다. 점점 자라면서 활동을 많이 하게 되고 떨어지거나 다칠 위험도 증가한다. 호기심 때문에 위험한 짓을 하거나 만지지 말아야 할 것들에 손을 대기도 한다. 이때 부모가 항상 제재하거나 심하게 혼을 내는 경험을 반복하게 되면 아이는 생후 1년과는 전혀 다른 체험을 하게 된다. 또 어떤 부모는 아이가 걸을 수 있게 됐으니 육아에서 해방되기 위해 아이에게 따뜻한 스킨십을 해주지 않고 제대로 보살펴주지 않는 경우도 있다.

부모의 제재 정도가 강할수록, 태도를 완전히 바꿀수록 아이는 자신이 무능하다고 여기며 주위 사람이 자기를 버렸다는 체험이 자타 부정의 태도를 체득하게 만든다. 아이가 자타 부정의 태도로 성장하게 되면 사회생활을 하면서도 여러 가지 일에 연속적으로 실패를 하거나 자신이 몸담고 있는 분야에서 앞으로 나아가지 못하며 타인과의 인간관계도 원만하게 이뤄질 수 없다. 가장 염려되는 것은 인생의 방향을 설정할 수 없게 된다는 것이다. 아이가 자라면서 긍정적인 관심이나 사랑을 받지 못한 채 엄격한 규제에 의해 양육되거나 아이가 부모를 필요로 할 때 적절하게 반응해주지 않으면 이런 인생 태도를 형성하게 되는 것이다.

3. 자기 긍정, 타인 부정

아기일 때는 부모가 자신을 잘 돌봐줘 긍정적이었던 아이가 지독한 처벌이나 혼이 나는 일을 장기간 경험하면 의존할 곳이 없어 스스로를 위안하고 자신을 도와주는 사람은 아무도 없다고 생각한다. 마음속에 '자신만이 OK이며, 타인은 모두 OK가 아니다'라는 생각을 새기게 된다. 이렇게 되면 나는 뭐든지 OK지만 다른 사람은 OK가 아니라는 입장을 견지하게 되면서 자신의 생명을 지키기 위한 인생 태도를 정착시키게 된다.

아이의 사소한 실수에 부모가 지나치게 화를 내고 엄하게 벌할 경우 아이는 자신을 지키기 위해 부모를 미워하게 되고 잘못이 언제나 상대에게 있다고 느끼며, 잘못한 일에 대해서도 항상 다른 사람을 탓하며 책임을 회피한다. 잘못의 원인을 바르게 보려고 하지 않고 상대에게 원인이 있다고 결정하며 타인을 몰아붙이거나 책임을 전가시키는 것이다. 이런 태도를 가진 아이는 자기애가 지나쳐 자신을 치켜세우는 사람을 주위에서 찾길 원하며, 친구를 자신에게 복종시키거나 마음대로 휘두르려 하기 때문에 친구를 자신의 희생양으로 만들거나 곁을 떠나게 만든다.

4. 자기 긍정, 타인 긍정

이것은 자신의 가치와 타인의 가치를 모두 인정하는 가장 좋은 태도다. 자타 긍정의 태도는 자신도 OK이며 타인도 OK로 받아들인다. 자신과 타인에 대해 스스로 감사하는 마음으로 친근함과 신뢰의 감정을 가진, 행복하고 건전한 인생 태도다. 유아기에 부모나 양육자들로부터 따뜻한 마음으로 기분 좋은 접촉이나 관심, 사랑을 받으면서 자라면 언어로 표현하지 못할 때부터 자신과 양육자(주로 엄마) 간에 싹튼 긍정적인 감정이 오랜 기억으로 남는다. 또 그런 체험이 성장하면서도 반복되면 긍정적인 생각이 더욱 강화돼 '나도 OK, 당신도 OK'라는 가장 좋은 인생 태도를 가지게 된다. 이렇게 긍정적인 인생 태도는 유아기의 체험을 거쳐 현실에서 다양한 경험과 신념에 의해 자신의 인생 태도로 구축된다. 오스트리아의 정신의학자이자 심리학자 알프레드 아들러(Alfred Adler)는 이렇게 말했다.

"인간의 고민은 열등감('OK가 아니다'는 감정)이다." 자타 긍정의 인생 태도를 가진 사람은 열등감이 없다. 아이에게 자타 긍정의 태도를 심어주는 것은 부모의 몫이다. 아이 인생에서 가장 중요한 대상은 부모이며, 인생에 대처하는 기본 방식으로 자타 긍정의 태도를 갖게 해준다면 아이는 평생 안전하고 행복하게 살아갈 것이다.

자기 긍정의 태도

☐ 스스로 자신이 있고, 자신의 생각이나 느낌을 소중히 여긴다. 주변 사람들에게 사랑받고 있다는 안정감과 자신이 사랑받을 가치가 있다고 여김으로써 현재의 모습을 잘 받아들인다.

자기 부정의 태도

☐ 자신의 능력이나 감정에 자신이 없고 항상 열등감을 가지고 있다. 무엇을 하더라도 불안하거나 압박감을 느끼고 '어차피 나는 안 돼'라는 자기혐오나 자기비하에 빠지기 쉽다.

타인 긍정의 태도

☐ 상대방을 신뢰하고 그 인격이나 능력을 유연하게 인정할 줄 아는 태도다.

타인 부정의 태도

☐ 타인을 기본적으로 신뢰하지 못하고 비판적이 되거나 무관심하고 냉담하다.

04

따뜻한 솜 vs 차가운 가시

모든 사람은 자폐 상태에서 태어난다. 출생한 후에 아기에게 중요한 사람인 부모나 주변 사람들이 얼마만큼 어떤 자극을 주느냐에 따라 자폐 상태에 머무느냐 아니냐가 결정된다. 아이의 존재를 인정해주는 모든 자극을 '스트로크(Stroke)'라 한다. 스트로크의 사전적 의미는 '~을 치다, 두드리다, ~에 문지르다, 애무하다, 접촉하다, ~에 영향을 주다, 작용을 가하다'라는 뜻이다. 그래서 스트로크는 접촉, 애착, 친밀함, 따뜻함, 부드러운 사랑의 보호, 연결, 관계, 지지 그리고 사랑이라는 말로 대신할 수 있으며 아이를 인정하고 수용하는 일체의 말과 행동을 통틀어 '스트로크'라 부른다. 아이들은 부모로부터 적절한 스트로크를 받아야 건강하게 성장할 수 있다. 그래서 부모가 아이에게 스트로크를 주는 것은 아이의 심리적 성장의 밑거름이라 할 수 있다.

사람에겐 생리적인 욕구와 심리적 욕구가 동시에 존재한다. 공기, 물, 음식과 같이 생명을 유지하는 것과 관련된 생리적 욕구와 함께 심리적인 만족을 얻으려는 욕구가 이에 속한다. 아이들은 이 같은 욕구들을 충족시키려는 과정에서 부모와 상호작용을 하며 자신의 성격을 형성해나간다.

부모는 스킨십이나 눈짓, 표정, 언어, 몸짓으로 아이의 감정을 읽고 자신의 감정을 전달하기도 한다. 아이가 "아빠!" 하고 부를 때 "응" 하고 반갑게 대답해주면 아이는 부모로부터 적절한 스트로크를 받는다. 아이가 "학교 다녀왔어요!"라고 인사할 때 부모가 아무런 반응을 하지 않거나 "왜 이렇게 늦었어!"라고 호통을 치는 것 역시 하나의 교류이며 스트로크가 된다. 부정적인 스트로크가 일상화되면 아이의 정서는 심각한 장애를 안게 될 것이다. 아이들은 부모로부터 인정과 승인을 받기 위해 매일 전쟁을 치른다. 유아기에 부모나 양육자로부터 받는 접촉이나 애무와 같은 신체적인 접촉의 욕구는 아이가 성장함에 따라 칭찬이나 승인, 격려 등 정신적 인정 욕구로 바뀐다. 겉으로는 이런 욕구들이 별 차이가 없어 보이지만 이 모든 것이 자신의 존재를 인정받기 위한 욕구가 다르게 나타나는 것일 뿐이다. 생존하기 위해 음식을 먹어야 하듯이 아이들도 스트로크를 먹고사는 존재다. 사람은 누구나 스트로크를 필요로 하며 사람이 산다는 것은 곧 스트로크를 추구하기 위해서라고 할 수 있다. 아이들의 모든 행동은 스트로크를 얻기 위함이다.

부모가 아이를 양육하는 데 지쳐서 적절한 스트로크를 주지 않고 아이가 혼자 고립된다면 배가 고파서 굶주린 것처럼 '스트로크 기아' 상태에 빠지게 된다. 스트로크를 받는 것이 부족하면 스트로크 기아에 빠지게 되고 이때 부족한 스트로크를 받는 수단으로 장난이나 나쁜 짓을 반복한다. 바로 부족한 스트로크를 만족시키기 위해서 부정적인 자극을 하는 것이다. 아이가 부모에게 무시당할 경우 아이의 스트로크 기아 상태는 최악이 되고 아이는 무리를 해서라도 부모에게 인정받기 위한 수단으로 장난이나 부모가 싫어하는 나쁜 행동을 하게 되는데 이렇듯 문제 행동이 반복되면 아이에겐 부정적인 낙인이 찍히기도 한다.

30개월이 된 한 아기는 부모가 맞벌이 부부인지라 하루 종일 놀이방에서 지내야 했다. 저녁 늦게 퇴근한 엄마는 아이를 보자마자 반가운 마음에 아이를 안아주려 했더니 아이는 엄마를 마구 때렸다. 아이의 태도에 화가 난 엄마는 아이를 혼내고 혼자 있게 했다. 아이는 갈수록 엄마에게 부정적인 행동을 보이고 엄마를 때리는 걸 멈추지 않았다. 아이가 엄마를 때리는 것은 엄마로부터 스트로크 기아를 보

상받고 싶었기 때문이다. 아이의 상태를 알아차린 엄마라면 혼내기
보다 **"너무 보고 싶었다"**며 아이를 따뜻하게 안아주고 아이와 노는
시간을 가졌을 것이다. 엄마와 함께 있는 좋은 느낌이 반복되면 아이
의 부정적인 행동은 사라진다. 부모의 무관심에 방치돼 있을 때 아이
들은 심리적인 기아 상태를 벗어나기 위해 미운 짓을 한다. 그럴 때
부모가 긍정적인 반응으로 스트로크를 준다면 아이의 행동은 긍정
적으로 바뀔 수 있다.

'교류 분석 이론'으로 유명한 에릭 번(Eric Berne)은 "인정이야말로
동기 유발로 깊은 의미를 가지는 생물학적인 기본 욕구"라고 말했
다. 사람들과의 접촉과 인정은 인간관계의 본질적인 부분이다. 한마
디의 칭찬은 아이를 인정해주는 요소로 무척 중요하다. 접촉이나 칭
찬의 말은 아이들의 삶에 필수적이다. 이것 없이는 아이들이 제대로
성장할 수 없다.

어린아이들은 생존하는 데 신체적 접촉이 반드시 필요하며, 인간
두뇌의 초기 발달은 그 아이가 받는 접촉의 종류에 의해 크게 영향
을 받는다는 것이 실험을 통해 입증됐다. 모든 아이들은 적절한 수준
의 접촉을 필요로 한다. 아이를 쓰다듬어주거나 칭찬의 말을 주고받
는 것은 아이가 일상생활을 하는 데 있어서 가장 중요한 활동 중 하
나가 된다.

소아과 의사인 스피츠(R.A. Spitz)는 엄마의 사랑과 보호가 박탈된

기아보호소에서 자라는 아이들은 운동과 지적 발달이 현저하게 저하됐으며, 사망률도 높고, 신체 성장이 부진하다는 사실을 입증했다. 또 발달 심리학자인 해리 할로우(Harry Harlow)는 철사와 옷감으로 된 모형 엄마를 가진 원숭이 연구에서 아기 원숭이들은 좀 더 부드러운 천으로 만든 모형 엄마(Mother Model)와 놀기 좋아하며 특히 놀랐을 때 더욱 엄마를 찾고 접촉하는 걸 발견했다. 할로우는 어미와 또래 원숭이들과 함께 길러진 어린 원숭이는 사회화를 별 어려움 없이 받아들인다는 것을 알았다. 그러나 또래가 없이 친엄마에 의해서만 길러진 아기 원숭이들은 종종 두려움이 많고 부적절하게 공격적이 되기도 했다. 또래 친구나 어미 없이 길러진 아기 원숭이들은 사회 적응 능력이 약하거나, 성장 후에는 짝을 찾는 데 자주 실패했고, 또 새끼를 가져도 자신의 새끼들을 소홀히 했다. 할로우는 정상적인 성적 행동과 어버이다운 행동 발달은 어릴 때부터 또래와 가족들과 함께 경험하는 폭 넓은 애정관계에 달려 있다는 결론을 내렸다.

스트로크의 종류는 무엇이 있을까?

부모와 아이의 부드러운 신체 접촉은 아이의 심리적인 안정에 도움이 된다. 이런 접촉과 인정은 아이들로 하여금 자존감을 높이고 자신을 긍정적인 존재로 인식할 수 있게 하며 애정과 보살핌에 기초한 인간관계를 맺게 할 수 있다.

부모와 아이가 교류하고 있을 때 두 사람은 서로에 대한 인정을 전달하고 그 인정을 되돌려 준다. 이런 스트로크는 아이의 존재를 인정해주는 기본단위이자 아이가 정신적인 평온을 유지하는 데 필수적이다. 아이들의 모든 행동의 동기는 스트로크를 받기 위한 것으로 이뤄진다.

스트로크는 신체적/정신적인 것, 긍정적/부정적인 것, 조건적/무조건적인 것으로 나눌 수 있다. 긍정적인 스트로크는 건강한 심리 발달에 필수적이며 정신적으로 풍요로운 생활을 하기 위해서는 중요하다. 부정적 스트로크는 아이들의 성장을 방해하거나 관계를 악화시킨다. 이런 아이들은 스트로크를 받기 위해 다양한 시도를 하게 되며 아동기에 기대했던 스트로크를 인생을 살아가면서 지속적으로 추구하게 된다.

신체적 스트로크와 정신적 스트로크

젖먹이 아기를 안아서 볼을 맞대거나 목욕을 시키고 피부를 문질러주는 것은 모두 신체적 스트로크에 해당한다. 아기를 업어주거나 안고 재워주는 것 역시 같은 스트로크다. 따라서 유아기 때 신체적인 스트로크를 충분히 경험하도록 양육하지 않으면 성인이 돼 왜곡된 성격을 갖게 되기 쉽다. 정신적 스트로크는 말이 아직 통하지 않는 유아에게 "우리 아가, 안녕!" 하며 말을 거는 것을 포함하며 아이가 자라면서 칭찬이나 꾸지람을 하는 것도 이에 해당한다.

긍정적 스트로크와 부정적 스트로크

긍정적 스트로크는 인간의 생명을 유지시키는 것부터 마음을 주고받는 일체감에 이르기까지 적절한 이해와 평가, 합당한 칭찬과 승인, 마음을 주고받는 사랑의 행위 등이 모두 포함된다. 이것은 사람을 기분 좋게 만들고, 사랑의 의미를 느끼게 하며, 건전한 정서와 지성을 갖추게 한다. 사람들이 느끼는 긍정적이고 쾌적한 자극을 '긍정적 스트로크'라 한다. 여기에는 아침 인사나 저녁 인사 등 표면적인 것부터 친밀도가 짙은 표현에 이르기까지 여러 가지가 있다. 그리고 이런 긍정적 스트로크에서 자타 긍정(I'm OK, You're Ok)의 인생 태도를 갖게 된다.

부정적 스트로크는 아이에게 부정적인 태도를 유발시키는 자극으로 아이가 느끼는 중요한 문제를 대단치 않은 일로 묵살하거나 문제의 의미를 일부러 왜곡할 때 주게 된다. 부모가 아이에게 관심이 부족하거나 관심이 잘못돼 있으면 아이에게 부정적인 스트로크를 주게 된다. 예를 들어 아이가 장난감이 망가져서 울고 있을 때를 가정해보자.

"그까짓 것 가지고 울면 어떡해."
"아무것도 아닌 일로 그러면 안 돼."

이렇게 반응하는 경우 아이는 '나는 틀렸다(I'm not OK)'는 인생 태도를 갖게 된다.

아이들은 누구나 스트로크를 원한다. 그 중에서도 부모에게서 받는 스트로크가 가장 중요하다. 만일 긍정적인 스트로크를 받지 못하면 부정적인 스트로크라도 받으려 한다. 나쁜 짓을 하거나 상처를 내거나 동생을 괴롭히는 행동을 해서 부모에게 "너 왜 이렇게 나쁜 짓을 하니? 혼이 나야겠구나"라는 부정적인 스트로크를 받으려 한다. 오줌을 싸는 아이들 중에는 스트로크 기아가 원인인 경우가 많다. 부모가 바빠서 아이에게 스트로크를 줄 여유가 없으면 물건을 훔치거나 친구를 때리거나 폭력 등 비행에 빠져드는 변화가 생긴다. 지나친 소비, 외모 치장, 미성년 흡연 등 남의 눈에 띄게 행동함으로써 주위로부터 스트로크 받기를 원하는 마음을 그대로 표현하는 것이다.

아이가 과잉 행동이나 부정적인 행동을 반복할 때 혼을 내기보다는 스트로크 기아 상태가 아닌지 살펴보아야 한다. 평상시 부모나 주변 사람들의 충분한 인정이 부족한 상태이므로 잘 관찰해 아이에게 필요한 긍정적인 스트로크를 줘야 한다.

조건적 스토로크와 무조건적 스트로크

"심부름을 해줘서 고마워."

"혼자서 숙제를 다 했네!"

"컴퓨터 그만해라."

"동생이랑 싸우지 마!"

이런 말은 조건부 스트로크다. 아이의 행동에 대해 긍정적이거나 부정적인 스트로크를 주는 것이다. 장난 친 아이의 손을 때린다든지, 나쁜 짓을 한 아이에게 벌을 주는 것은 조건적, 부정적, 신체적인 스트로크가 된다.

무조건적인 스트로크는 아이의 존재 자체를 인정해주는 것이다.

"엄마는 우리 딸이랑 같이 있는 게 너무 좋아."

"아빠는 우리 아들이 자랑스러워."

따뜻하게 안아주는 것도 아이의 존재 자체를 인정하는 긍정적인 스트로크다. 위의 스트로크를 모두 한꺼번에 하면 무조건적, 긍정적, 신체적, 정신적 스트로크를 주는 것이다.

"내가 너를 낳다니!"

"꺼져!"

"네가 문제야."

이런 식의 말은 무조건적이며 부정적인 스트로크다. 아이의 가슴에 멍이 들게 하고 자신의 존재를 부정하는 무조건적, 정신적 스트로크는 최악이다. 아이의 행동이 마땅치 않거나 지적해야 할 때는 아이의 행동에 대해서만 조건적이고 부정적인 스트로크를 줘야 한다.

부모가 "내 말을 잘 들으면 맛있는 거 사 줄게" 등의 말로 아이에게 조건적인 스트로크만 줄 때 아이는 그 조건에 순응하려는 경향을 띠게 되고 호기심을 충족하거나 자유롭게 탐색하고 표현하는 걸 두려워하게 된다. 부모의 이런 태도가 반복되면 아이는 자기 긍정의 태도가 파괴되고 자기 부정의 태도를 갖게 된다. 아이가 주로 부정적 스트로크를 받게 되면 아이는 부정적인 것에만 익숙해져 그것이 전부인 줄 알게 되고 부정적인 생활 태도를 선택하게 될 것이다.

스트로크의 종류

	긍정적 태도	부정적 태도
□ **신체적 스트로크** (직접적인 접촉)	손잡아주기, 껴안기, 마사지, 등 두드려주기, 뽀뽀하기, 머리 쓰다듬어 주기	때리기, 머리 쥐어박기, 발로 걷어차기, 꼬집기
□ **정신적 스트로크** (접촉 외의 언어, 표정, 자세, 관심)	격려와 칭찬, 선물하기, 함께 놀기, 여행, 산책, 편지	비난, 욕하기, 비교하기, 모욕, 무시하기, 과소평가
□ **조건적 스트로크** (구체적인 행동이나 태도)	스스로 일어났구나 방 정리를 깨끗이 했구나 동생과 재미있게 노는구나 약속을 잘 지켰구나	숙제를 못했구나 컴퓨터를 2시간 했어 동생이랑 싸웠네 이를 안 닦았구나
□ **무조건적 스트로크** (인격이나 존재감)	엄마(아빠)는 네가 좋아 사랑해 네가 있어서 든든해 너는 가장 소중한 보물이야	저리 가 네가 뭘 알아 넌 바보야 넌 한심한 녀석이야

좋은 질과 양으로 스트로크를 주자

아이가 "엄마, 오늘 선생님한테 칭찬받았어"라고 말할 때 엄마가 "그래"라고 무표정하게 대답하고 만다면 아이는 기분이 좋지 않을 것이다. 엄마의 반응이 자신의 기대한 만큼 나오지 않았기 때문이다. 스트로크에도 질과 양이 있다는 걸 알면 아이의 마음을 이해하기 쉽다.

클로드 스타이너(Claude Steiner) 박사는 기분 좋은 스트로크를 '따뜻한 솜'으로 표현했다. 아이들이 스트로크를 받을 때마다 따뜻하고 부드러운 느낌을 받기 때문이라고 한다. 따뜻한 솜들의 예는 미소 짓기, 등 두드려주기, 머리 쓰다듬어주기 등 접촉 스트로크들이다.

'안녕 솜'은 "안녕?" 하며 반갑고 친근하게 인사할 때 기분 좋아지게 하는 것이고, '칭찬 솜'은 칭찬받을 때 좋은 느낌을 주는 것이다. '미소 솜'은 따뜻하고 우호적인 얼굴 표정과 미소를 대할 때의 느낌을 말한다.

부모가 긍정적인 말을 해주는 것, 자녀를 따뜻한 시선으로 바라보는 것 등은 직접적인 접촉 못지않게 기분 좋은 스트로크, 즉 따뜻한 솜이 될 수 있다. 아이들은 부모가 안아주고, 목욕시켜주고, 간질이기도 하고, 위로 번쩍 들어 올려주기도 하고, 같이 놀아주는 것 등을 좋아하는데 이는 모두 기분 좋은 스트로크이기 때문이다.

반대로 아이에게 부정적인 느낌을 주는 불쾌한 스트로크는 '차

가운 가시'라고 부른다. 아이가 건강하게 자라기를 바란다면 '차가
운 가시'보다 '따뜻한 솜'을 느낄 수 있는 긍정적인 스트로크를 주자.

05

기록된 부모의 말로
커나가는 의미

사랑 받는 사람을 보면 사랑 받을 행동만 골라서 하고, **미움을 받는 사람은 미움 받을 짓만** 골라서 한다. 이유는 바로 어린 시절에 짜인 인생 각본 그대로 행동하기 때문이다. 에릭 번은 삶은 한 편의 연극과 같은 것이며 인생이라는 드라마 속에서 자신이 현재 연출하고 있는 모습을 '각본'이라고 말했다. 이 각본은 연극 각본과 유사해서 등장인물, 정해진 배역, 대사, 연기, 배경을 가지며 클라이맥스와 결말로 끝을 맺는다.

에릭 번에 의하면 부모로부터 받은 한 사람의 대뇌에 형성된 기본적 정보원을 '인생 각본'이라고 말한다. 사람은 자신이 만든 인생 각본에 따라 인생이라는 무대에서 자신의 삶을 연출하며 살아나가게 된다. 아이가 태어나 어떻게 자신의 각본을 만들어가는지 그 과정을 살펴보자.

대체로 아기가 경험한 최초의 기억은 외상적인 체험이며, 이 체험이 초기 결단이 되고 두 번째 기억은 재결단이 된다. 아기가 태어났을 때 체격은 머리가 다른 신체에 비해 무척 크다. 생후 3개월 정도 되면 대뇌에는 어른과 같은 150억 개에 가까운 뇌세포가 이미 만들어진다고 한다. 대뇌의 뉴런 세포는 신체를 형성하는 다른 세포와 달리 없어지거나 늘어나지 않는다. 사람은 자신의 지식과 경험에 의해 행동하는데 그 최초의 근원은 유아기의 양육자 특히 엄마의 행동이나 접촉방식에 따라 형성된다. 막 태어난 아기의 신경세포나 미성숙한 세포섬유에서 매 순간 엄마가 반복해주는 일정한 패턴의 자극은 단백질 합성 형태로 기억 물질이 형성돼 뇌에 착상한다. 신경세포에 각인된 이 기억 물질은 영구 기억으로 남아 사물을 보는 방식이나 느끼는 방식 등 판단의 근거가 되는 '모형'(母型)이 된다. 아이가 유아기일 때 양육한 사람의 언어와 행동의 접촉방식이 아이들의 먼 장래에 미치는 영향은 절대적이다.

인생 각본의 모형

□ 신경세포 형성

□ 반복되면서 일정한 패턴으로 작용한다.

□ 단백질 합성 형태인 기억 물질이 형성된다.

□ 이 기억 물질은 영구 기억(모형)이 된다.

아이는 태어나서 만 3세까지 60%의 성격이 형성되며 5~6세까지 기본적인 인격이 80% 정도 완성된다고 한다. 아이가 태어나서 거치는 영유아기는 매우 중요한 시기다. 유아기에 부모와의 접촉방식이 아이의 이후 인생의 존재방식을 결정하기 때문에 부모는 유아기에 보내는 시간의 중요성을 인식해야 한다.

뇌의 발달

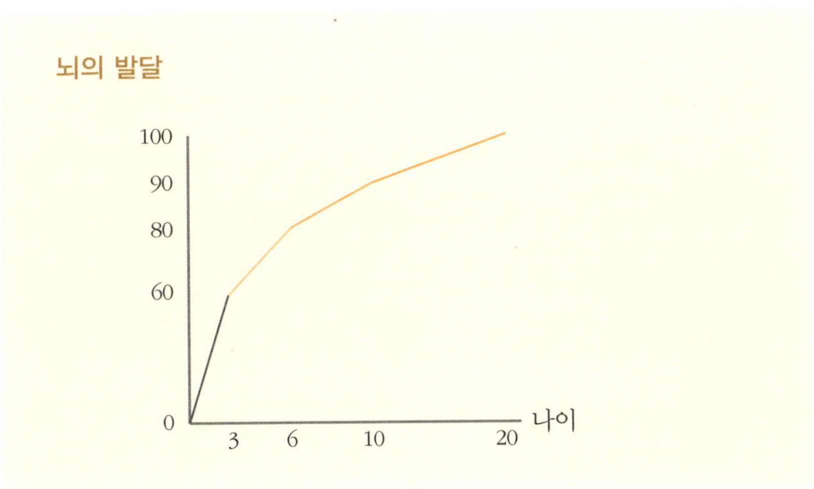

아이가 인생 초기에 무언가 의미 있는 자극을 받거나 체험하고, 그것이 반복되면 어떤 형태로든 기본적인 태도가 만들어지며 이것이 원인이 돼 반응이 일어난다. 같은 반응이 반복됨으로써 아이는 각본을 만들어간다. 어릴 때부터 부모의 엄격한 교육이나 통제에 두려움을 느끼고 자란 아이는 어른이 되고 나서도 늙은 부모에게조차 불안한 마음을 품고 부모를 피하려 한다. 뿐만 아니라 사회생활을 하면서도 상사에게 호되게 꾸지람을 듣거나 규율이 강할 때 어릴 적 부모에게서 느낀 것과 같이 불안한 감정을 품고 상사를 피하게 된다. 반대로 부모가 과잉보호를 해서 무엇이든 챙겨주며 자신이 해야 할 것도 부모가 대신 해줄 경우에도 마찬가지다.

"너는 틀렸어."
"네가 스스로 할 수 있는 것은 없어."

부모는 아이에게 이런 명령어를 주게 된다. 이같은 행동이 반복되면 아이는 성인이 돼서도 나이 든 부모에게 의존하고 의타심을 갖는다. 그리고 아이가 커서 결혼하고 가정을 이뤄 부모가 돼도 자립하지 못하고 자신의 부모에게 의지하려 한다. 사회생활에서도 부하나 상사에게 의존하는 행동을 취하게 될 것이다.

이처럼 아이가 자라면서 부모로부터 받은 장기간에 걸친 체험이 아이의 반응 패턴이 된다. 또 강렬한 자극은 한 번만으로도 아이에게 평생 잊지 못할 상처가 되기도 한다. 다음의 예를 보자. 한 아이가 책상에서 물감으로 그림을 그리고 있을 때 엄마는 그 옆에서 청소를 하는 중이었다. 아이가 그림을 그리다가 잘못해 물감이 담긴 통을 엎어 카펫을 더럽히고 말았다. 아이는 깜짝 놀라 엄마를 쳐다보자 엄마도 당황했다. 아끼는 고가의 카펫을 망친 것에 화가 나서 엄마는 아이에게 "이게 뭐야! 왜 이렇게 했어?" 하며 아이를 손바닥으로 때리고 혼을 냈다. 아이는 놀라서 엉엉 울고 말았다. 이후 이 일은 아이에게 강하게 기억돼 아이가 좋아하던 그림 그리기는 공포로 변해 다시는 그림을 그리려 하지 않게 됐다.

부모는 아이의 거울이다

유아기에 아이의 육아를 맡은 사람들, 특히 주 양육자인 부모가 아이에게 하는 모든 말과 행동이 아이의 '마음'을 형성하는 데 깊이 관여한다. 부모의 영향에 의해 아이는 여러 가지 '금지령'이나 '각본'을 형성하게 된다. 유아의 뇌세포는 아직 오염되지 않은 상태여서 에릭 번은 "사람은 누구나 왕자와 공주로 이 세상에 태어나는 존재"라고 표현했다. 교류분석 제창자인 존지 워드와 제임스 여사도 인간을 "정신적 승리자로 태어난 존재"라고 말하고 있다. 그런데 부모가 이 가능성을 빼앗아 왕자와 공주를 개구리로 만들고 있다는 것이다. 이렇게 되면 아이는 타고난 잠재력을 실현하지 못하고 패자의 태도로 인생을 살아가게 된다.

왕자와 공주를 개구리로 만드는 메시지

주 양육자인 부모가 유아의 대뇌에 전달하는 메시지가 아이의 왕자와 공주로서의 가능성을 키워주기보다 그 싹을 잘라버리고 개구리와 같은 존재로 만드는 경우가 있다. 갓 태어난 아기는 세상에 존재하는 모든 자극을 무작위로 받아들인다. 부모가 보여주는 눈빛, 몸짓, 언어를 통해 세상과 교류한다. 만약 아이가 보내는 신호에 긍정적으로 반응하지 않고 다음과 같이 말했다고 가정해보자.

"왜 이렇게 귀찮게 굴어."
"낳지 말걸 그랬어."
"힘들어서 죽겠어."

이 같은 표현으로 부정적인 반응을 한다면 아이의 가능성을 폐쇄시키는 꼴이 되는 것이다. 또한 지속적으로 하게 되면 이것이 아이의 성격을 형성하는 기본적인 틀로 받아들여지게 된다. 따라서 1년 365일 부모가 주는 말이 아이에게는 세상을 인식하고 자신의 인생 각본을 구성하는 아주 중요한 재료가 되는 것이다.

유아기에 부모가 준 정보가 성격이 된다

생후 3, 4년 동안 아이가 부모와의 교류를 통해 무작위로 쌓은 지식이나 체험은 마음에 그대로 각인돼 일생 동안 없어지지 않고 아이의 인생에 영향을 준다. 사람이 사물을 판단하고 행동하는 주 요인은 과거에 알고 있는 정보 때문이다. 따라서 아이는 유아기에 경험한 체험이나 지식으로 인해 행동하게 된다. 이것이 반복되어 그 사람의 성격이나 인격을 형성하게 되는 것이다. '인생 각본'은 한 사람의 행동 요인으로 대인 교류나 살아가는 태도에 있어 중요한 영향을 미친다. 그러므로 부모는 아이 양육에 있어서 절대적인 존재라는 것을 인식할 필요가 있다. 텔레비전이나 인터넷, 각종 매체에서 접하는 광고를 몇 번 보고 나면 머릿속에 그 이미지를 기억하게 되고 대중가요도 몇 번 반복해서 듣고 나면 흥얼거리며 따라 부를 수 있다. 사회적으로 충격적인 기사나 사건 등도 오랫동안 잊히질 않는다. 정보를 판단하고 취사선택할 수 없는 아이가 아침부터 저녁까지 반복되는 부모의 말과 행동에 노출돼 있다고 생각해보라.

"이렇게 하면 안 돼."

"너는 말썽쟁이야."

"너는 엄마를 힘들게 만들어."

부정적 메시지에 노출될 뿐 아니라 강압적인 부모일 경우에는 순응적인 반응 패턴을 형성해 어른이 돼서도 아이는 문제가 발생했을 때 적극적으로 해결하기보다 이를 피하기 위해 복종적인 태도를 취하기 마련이다.

아이에게 기록되는 부모의 영향

갓 태어난 아기는 자아상이라는 게 없다. 백지 상태에서 외부에서 오는 자극을 그대로 받아들이고 어딘가 불편하면 울음으로 표현한다. 이때 부모가 적절하게 반응해주지 않으면 아이의 마음속에는 이런 것들이 기록된다.

'어떻게 해도 안 되는구나.'

'부모가 하는 대로 따를 수밖에 없어.'

일정하게 반복되는 경험을 통해 아기는 생후 10개월부터 외부 자극에 대해 자신의 반응 패턴을 만들어나가기 시작한다.

특히 아이는 '부모에게 가르침을 받은 것' '스스로 생각하고 판단한 것' '마음이 느끼는 것' 등 이 세 가지 마음상태에 의해 자신의 각본을 만들어간다. 이것은 후에 아이의 가치관이나 신념으로 자리 잡게 되며, 부모가 준 가르침을 이성적으로 판단하고 검증해나가게 된다. 뿐만 아니라 부모의 말이나 외부 사건에 대해 자신이 느낀 것을 차곡차곡 기록한다.

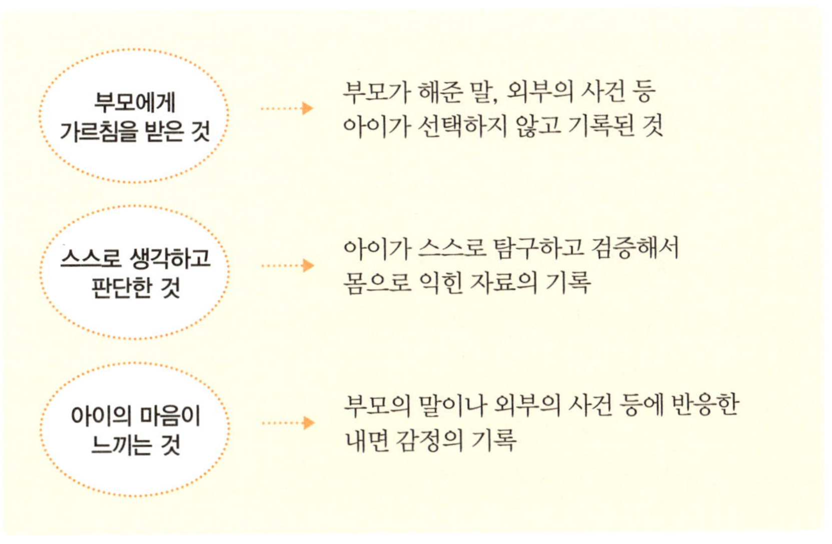

부모의 강압적이거나 냉담한 태도 때문에 아이가 두려움을 느낀다면 아이는 마음에 큰 타격을 입기가 쉽다. 아기가 태어나 생후 5년

간 부모가 주는 반복적인 가르침에 따라 아이는 수동적인 반응을 하게 되고 이후 아이는 그것을 검증해나가며 자신의 각본을 만드는 데 주 재료로 삼는다. 따라서 유아기에 부모와 어떤 교류를 했는지에 따라 아이의 인생 프로그램이 달라진다.

부모에 의한 각본 만들기

아기가 태어나서 첫 돌이 되기 전까지는 아기의 움직임이 많지 않기 때문에 부모로부터 크게 행동의 제약을 받는 일이 드물다. 그러나 아기가 움직임이 많아지고 걷기 시작하면서부터 부모가 아이의 행동에 "안 돼!" "위험해. 만지지 마!" 등의 말을 반복하면 아이의 정서는 위축되고 부모에게 혼나는 것에 대한 두려움을 느끼게 된다.

아이가 부모의 말에 따르지 않으면 부모는 야단을 치든가, 때리든가, 눈총을 주는 등 부정적인 반응을 하게 되고 아이는 부모의 부정적인 대우를 피하기 위해 부모의 마음에 들려고 순응적인 태도를 강화해나간다. 이런 태도는 아이의 습성과 인생의 기본 태도로 만들어지고, 성격의 일부가 돼 일생을 좌우하게 된다.

1. 부모가 주는 각본 메시지

부모는 아이의 이성적인 판단이 성숙하기 전까지 끊임없이 각본 메시지를 보낸다. 이 각본 메시지는 일생 동안 아이 가치관의 기본 토대가 되기 때문에 부모는 일관된 기준으로 긍정적인 메시지를 줘야 하고 말과 행동이 일치하는 생활 태도를 보여줘야 한다.

거짓말은 해서는 안 된다고 가르치고도 전화가 오면 "엄마 집에 없다고 해라"라고 한다면 아이는 부모의 말보다 행동에서 메시지를 취하기 때문에 거짓말을 정당화한다. 부모는 아이가 성장해도 계속적으로 각본 메시지를 보내게 되는데 이때 부모의 말보다 행동이 강력한 메시지로 작용한다. 부모가 아이들에게 "네가 할 일은 스스로 해야 돼"라고 말하면서 부모 스스로 남에게 의존하고 손을 벌리거나 가족 구성원으로서 역할을 하지 못하면 아이는 모순에 빠지게 된다.

2. 각본은 인생의 조기 결단으로 만들어진다

아이는 본능적으로 부모의 사랑을 잃는 것에 대한 두려움을 갖고 있다. 인간은 생존하기 위해 음식을 먹고 영양분을 섭취하지만 음식 못지않게 부모의 인정과 사랑도 필요하다. 아이는 부모의 사랑을 잃는 것이 두려워 부모를 즐겁게 하기 위해 부모의 말에 순응하면서 자신이 어떻게 해야 하는지 '결단'을 내리게 된다. 이 결단은 후에 아이가 성장하면서 여러 가지 사건에 의해 강화되고 대인관계, 결혼, 가정생활에 강한 영향을 미친다. 유아기의 결단에 의해 형성된 신념은 객관적으로 볼 때 잘못된 것이라 해도 정작 본인에게는 충분히 납득 가능한 것으로 포장돼 평생을 좌우하는 근거가 된다.

한 엄마는 6남매 중 맏딸로 태어났다. 어릴 때 그녀의 엄마는 사는 일이 힘겨울 때마다 맏딸에게 모든 화를 퍼부어대곤 했다. 그녀는 엄마에게 이유 없이 야단맞는 일이 반복됐고 엄마를 화나지 않게 하기 위해 그저 묵묵히 받아내며 참아왔다. 이후 성인이 돼 결혼생활을 하면서 남편에게 불만이 있을 때도 자신의 마음을 표현하는 것이 두려워 참고 견디는 것이 생활화됐다. 부당한 대접을 받거나 힘이 들 때도 도움을 청할 수 없어 마음속에 화가 가득 찼다. 그래서 여섯 살짜리 딸에게 자신의 스트레스를 전가하다가 아이와의 관계가 어긋나기 시작했다. 어느덧 그토록 싫어했던 엄마의 모습을 자신이 그대로 닮아가고 있는 걸 발견하게 된 것이다.

3. 파괴적인 각본

부모가 자식에게 주는 메시지는 긍정적인 것도 있지만 부정적이고 파괴적인 것도 있다. 부모는 의식하지 못하는 사이에 아이에게 파괴적인 명령을 할 때가 있다. 아이가 부모에게 '쓸모없는 녀석'이라는 메시지를 반복적으로 받게 되면 아이는 '나는 살 만한 가치가 없는 사람'이라는 생각을 하게 된다. 부모가 아이에게 주는 파괴적인 메시지의 예는 다양하다.

"너 같은 녀석은 태어나지 말았어야 해!"
"네가 아들(딸)이었으면 좋았을걸."
"집에서 나가! 너 같은 자식은 호적에서 지워버릴 거야."

4. 각본은 부모의 이중 메시지에 의해 마음에 기록된다

부모가 아이에게 말할 때 마음에 다른 생각을 품고 있으면서 이와는 상반되는 말을 하면 예민한 아이의 마음에 부모의 비언어적인 메시지가 전해져 아이의 각본에 기록된다. "얌전해져라"는 말 속에 '네가 귀찮아'라는 메시지가 숨어 있거나 "착한 아이가 되라"는 말 속에 '부모가 말한 대로 해라'는 메시지가 숨어 있으면 아이는 '내 마음을 솔직하게 표현하면 안 되겠구나' 하고 마음먹게 된다. 4~5세의 유아는 가치관이나 판단력이 성숙돼 있지 않아 부모가 아이에게 하는 표면적인 말보다 부모의 마음속에 있는 기분이나 생각을 더 강하게 느낀다. 유아기가 지나면 아이는 부모의 교훈적인 말보다 부모의 실제 행동에 더 많은 영향을 받는다. 부모는 "정직해야 한다"라고 말하면서 나쁜 짓을 모른 척하거나 "거짓말을 하면 안 돼"라고 하면서 아이와의 약속을 수시로 깬다면 아이는 거짓말하는 인생을 살게 된다. 각본은 부모가 아이에게 무엇을 말하느냐보다 그것을 어떤 마음과 태도로 말하느냐, 어떤 행동으로 보여주느냐에 따라 달라진다. 부모의 의도를 숨긴 이면의 메시지에 의해 아이는 보다 강력한 영향을 받기 때문이다.

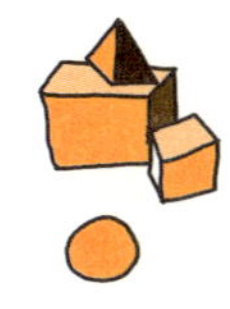

"완벽하지 않아도 돼"

아이들의 인생 각본은 유아기와 아동기에 마음속에서 행해진 **많은 결단에 의해 만들어진다.** 그 결단은 부모가 아이에게 준 메시지에 영향을 받는다. 부모가 주는 메시지 중에는 긍정적인 것과 부정적인 것들이 섞여 있다. 따라서 부모는 아이에게 사람이 지켜야 할 원칙을 가르쳐주고 더불어 살아가기 위한 규칙을 지킬 수 있도록 알려주는 것이 아주 중요하다. 이는 아이가 바른 가치관을 형성시킬 수 있는 주요인이기 때문이다. 부모가 짜증을 내거나 심하게 부정적인 지시를 반복하면 아이의 자율성은 파괴된다. 부모가 주는 메시지가 긍정적일수록 아이는 좋은 각본을 만들어간다. 아이가 건강하게 성장하길 바란다면 아이는 "성장해서 독립된 어른이 돼라"라는 부모의 메시지를 받아들인다. 반면에 부모가 욕구불만이 있거나 무책임하게 행동할 경우 아이는 "성장하지 마라" "나를 떠나서는 안 된다"라는 메시지로 받아들이는 것이다.

승자 각본 vs. 패자 각본

아이는 태어나면서 자신에게 주어진 환경에 따라 인생 각본을 써내려간다. 각본 형성 과정은 다음과 같다.

1) 아기가 태어나서 처음으로 부모에게 영향을 받는다. 부모의 따뜻한 보살핌을 받고 주변 환경이 아기에게 긍정적일 경우 아이는 정서적인 외상 없이 자란다. 반면에 부모가 일찍 돌아가거나 부모로부터 보살핌을 받지 못하고 차가운 대우를 받으면 외상을 체험한다.

2) 자신의 내적 체험에 의해 긍정적인 스트로크를 받은 경우 승자 각본을, 부정적인 스트로크를 받은 경우에는 패자 각본을 완성한다.

3) 주어진 각본에 순응하며 각본 연출을 스스로 승인한다. 부모

의 영향 아래 인생 프로그램이 작성되면 그것에 따르겠다고 결심한다.

4) 인생의 중요한 상황에서 자신의 태도를 반복해 행동으로 보여준다.

5) 자신의 각본에 따른 인생 결말을 연출한다.

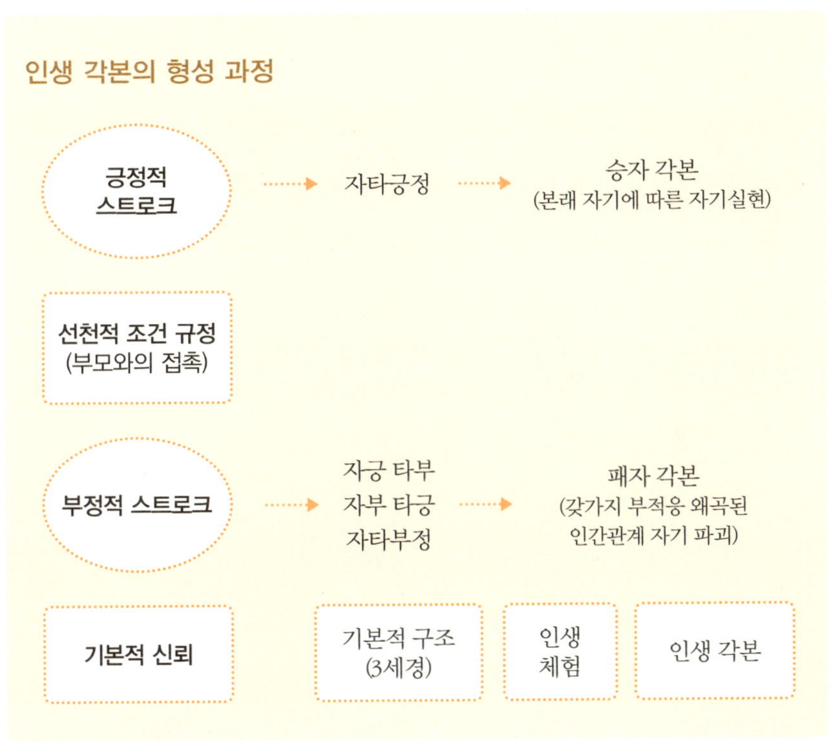

부모가 주는 금지령

금지령은 어린 시절에 부모로부터 아이에게 주어지며 아이의 감정과 신체에 낱낱이 기록돼 행동으로 드러나게 된다. 심리치료사인 굴딩부부(Bob & Mary Gulding)는 아이에게 주는 금지령을 12가지로 분류했다.

1. 존재해서는 안 된다

유아기 때 부모에게 거절이나 학대를 경험하거나 자신의 존재를 무시당한 경우, 또 부모가 불화를 겪을 때 그 원인이 아이에게 있는 것 같은 말과 행동을 보여주면 이런 메시지가 전달된다.

“나는 태어나지 말았어야 해.”
“나 때문에 우리 부모가 불행해.”
“내가 죽으면 우리 부모가 편안해질 거야.”

이렇게 결단한다.

2. 남자(여자)여서는 안 된다

"네가 아들(딸)이었더라면…."

부모가 바라지 않는 성으로 태어난 아이에게 주어지는 메시지다. 아이는 '어째서 나는 남자(여자)가 아닐까?'라는 생각으로 자신의 성에 대해 부정하거나 성 정체성 혼란으로 인생을 살아간다.

3. 아이처럼 행동하면 안 된다

소년소녀가장에게서 잘 보이는 금지령이다. 부모가 아이처럼 천진난만하게 즐기는 것은 게으르고 나쁜 것이라고 가르치거나, 예절을 지키는 것에 대해 지나치게 엄격하거나 일 중독자인 부모로부터 전달되는 메시지다.

"결코 다른 사람을 믿지 마라."
"고통을 참고 견뎌라."
"주위 사람을 돌보는 사람은 나밖에 없다."
"나는 결코 즐겨서는 안 된다."

이렇게 결단한다.

4. 성장해서는 안 된다

주로 막내를 향해 보내는 메시지다.

"피터팬처럼 영원히 아이로 있을 거야."
"안전을 위해 부모를 떠나고 싶지 않아."
"나는 부모가 되고 싶지 않아."

이렇게 결단한다.

5. 성공해서는 안 된다

"너는 무엇을 해도 틀렸어" 등 아이가 실패하거나 실수한 것에 대해 지적할 경우 아이는 이렇게 결단한다.

"나는 늘 실패할 거야."
"나는 결코 만족할 수 없다."
"나는 반드시 실수할 거야."

6. 실행해서는 안 된다

아이가 무엇인가 시도하려고 하면 부모가 강하게 제지하거나 압력을 가할 때 전해지는 메시지다.

"위험하기 때문에 해서는 안 된다."

"만일 나쁜 일이 일어나면 어떻게 하니?"

이런 말로 아이의 도전을 막는다. 이때 아이는 "내가 할 수 있는 일을 부모가 무시한다" "세상은 위험으로 충만한 곳이야" "다른 사람이 해주기까지 기다릴 거야"라고 결단한다.

7. 중요한 사람이 돼서는 안 된다

"너는 아이니까 조용히 해."

"네가 뭘 알아?"

이같은 말로 부모가 아이의 의견을 무시하거나 아이의 주장이 허용되지 않는 가정일 경우 아이는 "다른 사람은 모두 나보다 훌륭하다" "아무도 나를 인정해주지 않는다"라고 결단한다.

8. 사람들 무리 속에 들어가선 안 된다

부모가 엘리트 의식이 강하거나 사람들에게 소외돼 집에만 있을 때 전달되는 메시지다. 가족이 고립된 생활을 하고 있는 경우 아이는 이런 생각을 하게 된다.

“나를 사람들이 좋아하지 않아.”

“나는 학대받는 아이야.”

“나는 어디에도 소속돼 있지 않아.”

즉, 폐쇄된 생활방식을 선택한다.

9. 사랑해서는 안 된다(신뢰해서는 안 된다)

따뜻하고 친절한 애정 표현을 거의 하지 않는 부모가 아이에게
주는 메시지다.

“결코 다른 사람과 친해지고 싶지 않다.”

“사랑은 반드시 깨진다.”

“절대로 다른 사람을 믿어서는 안 된다.”

10. 건강해서는 안 된다

아이가 질병에 걸렸을 때만 부모로부터 관심이나 사랑을 받을 때
전달되는 메시지다.

“나는 다른 사람보다 약하다.”

“내 병은 치료할 수 없다.”

11. 생각해서는 안 된다

아이의 자연스런 호기심이 무시되거나 아이의 의견을 받아들이지 않을 때 주는 메시지다.

"나는 아무것도 모른다."

"생각하는 것은 위험하다."

"나는 다른 사람의 생각만 따른다."

12. 자연스럽게 느껴서는 안 된다

부모가 "우는 아이는 싫다" "사내는 울어서는 안 된다"라는 등 아이의 자연스런 감정 표현을 금지하거나 부모가 너무 엄격해 정서 교류가 어려울 때 아이가 느끼는 메시지다.

"나는 아무것도 느끼고 싶지 않다."

"나의 느낌보다 엄마 아빠처럼 느껴야 해."

"감정은 말로 표현해서는 안 돼."

부모가 무의식중에 하는 말과 행동 속에 아이에게 금지를 주는
메시지가 전해질 경우 부모의 금지령이 아이의 삶에 족쇄를 채우게
된다. 서커스단에서 재롱을 부리는 코끼리를 길들이는 방법은 이렇
다. 아주 어린 아기 코끼리를 쇠사슬에 묶어두면 아기 코끼리는 족
쇄를 끊기 위해 애써보지만 힘이 약해 끊을 수 없다. 어느 날부터 아
기 코끼리는 탈출 시도를 중단한다. 좌절을 경험한 코끼리는 "내 힘
으로는 여기서 빠져 나갈 수 없어"라고 결단하고 포기한다. 코끼리
는 자라서 몸집이 커져 족쇄를 끊을 만큼 충분한 힘이 생겼음에도 불
구하고 어릴 적에 자신이 내린 결단에 따라 족쇄를 끊을 엄두를 내지
못하는 것이다. 달아날 수 없다고 믿게 됐기 때문에 탈출 시도를 중
단한 것이다. 몸이 자라서 조금만 노력해도 자유의 몸이 될 수 있는

데도 밖으로 나갈 시도조차 하지 않는 것이다.

혹시 우리 아이에게도 부모가 이런 금지령을 주고 있지는 않은지 생각해볼 필요가 있다. 어린 시절에 전달된 금지령은 커서도 영향을 미친다. 부모가 아이의 가능성에 초점을 맞추지 않고 아이에게 금지의 말을 반복할 경우 아이는 "나는 쓸모없는 사람이야"라고 믿게 될 것이다.

부모가 주는 명령어

부모가 아이에게 보내는 메시지 중에는 금지의 말도 있지만 아이의 행동을 강화하는 명령의 말도 있다. 이 명령이 지나칠 경우 아이에게 몰이꾼(Driver) 역할을 하며 아이 행동을 몰아붙이게 된다. 아이는 부모의 명령을 수행해야만 안전하다고 느낀다. 부모가 주는 명령어 중 대표적인 명령어 다섯 가지를 살펴보자.

1. 완전하게 하라

아이가 무엇인가를 할 때 "완전하게 해야 돼" "똑바로 하지 않으면 안 돼"라고 말할 때 아이는 완벽주의 성향에 빠진다. 자신의 성취에 만족하지 못하고 항상 부족하다고 느끼며 자신의 내부에서 더욱 잘하라고 채찍질하는 목소리를 듣는다. 이후 어떤 일이든 불완전하다고 느끼고 실수하거나 결과가 완벽하지 않을까봐 초조하고 불안해 노심초사한다. 초등학교 1학년인 아이가 공책에 글씨를 썼을 때 한 엄마는 아이가 쓴 글씨가 삐뚤빼뚤해서 만족스럽지 않았다. 엄마는 아이가 애써 쓴 공책을 찢어버리고 아이를 혼냈다. 아이는 글씨를 쓸 때마다 똑바로 써야 한다는 생각 때문에 지우개로 지워가며 안절부절못하며 불안해했다. 아이는 글씨를 쓸 때마다 두려움이 몰려와 글쓰기에 어려움을 느끼게 됐다.

2. 열심히 노력하라

초등학교 2학년 여자아이가 방과 후에 참여하는 과외 활동이 10개가 넘는다. 아이는 학교에 다녀오자마자 가방을 바꿔 학원에 가느라 친구와 놀 시간도 없다. 주변 사람들은 아이를 안쓰러워했지만 엄마는 아이에게 항상 "열심히 해"를 강조하며 아이를 다그쳤다. 아이가 힘들지 않은지 물어보라고 했더니 아이의 대답은 "힘들어. 근데 내가 이렇게 해야 엄마가 좋아하잖아"라고 대답하더라는 것이다. 열심히 해야 부모의 인정과 사랑이라는 보상이 온다고 믿는 아이는 자신을 몰아붙이게 되고 스스로 혹독해진다. 커서도 타인에게 쉴 틈을 주지 않고 몰아붙인다.

항상 열심히 일만 하고 휴식을 모르는 사람이 있다. 뭔가 할 일을 하지 않으면 "내가 열심히 하고 있는 건가?" "열심히 하지 않으면 안 돼"라고 자신을 다그친다. 휴식을 취하거나 놀 때 죄책감을 느낀다. 이런 사람은 일 중독에 빠지기 쉽고 최선을 다해 일하지만 자신이 원하는 만큼 결과가 나오지 않으면 또다시 열심히 노력하는 것을 반복한다.

3. 서둘러라, 빨리 해라

성격이 급한 부모는 아이가 느리거나 할 일을 서툴게 하면 기다리는 것이 힘들어서 항상 서두르고 조바심을 낸다. "빨리 해라"라는 말을 입에 달고 살며 아이를 다그친다. 아이는 부모의 명령에 따르기 위해 늘 허겁지겁 서둘러야 하기 때문에 시간이 없다고 생각한다. 부모는 아이가 느긋하게 혼자만의 여유 있는 시간을 갖는 것을 허락하지 않는다. 항상 아이가 무언가를 하고 있어야만 마음이 놓인다.

아이가 자라서 성인이 된 후에는 행동이 안정되지 못하고 항상 바쁜 듯 시계를 쳐다보는 일이 많고 바삐 잰걸음으로 걷기 때문에 주변을 둘러볼 여유가 없다. 한 가지 일만 하지 못하고 두세 가지 일을 한꺼번에 진행하며 "바쁘다 바빠"를 연발한다. 또 어떤 경우에는 해야 할 일을 미루다가 발등에 불이 떨어지면 헐레벌떡 서둘러서 일을 처리하기 때문에 실수가 많거나 결과물이 좋지 않을 때가 있다.

4. 기쁘게 하라

부모로부터 인정받고 싶은 욕구가 강한 아이의 경우 부모가 자신을 인정하고 승인해줄 때 남을 기쁘게 하는 걸 좋아한다. 상대를 기쁘게 하기 위해 지나치게 배려하고 자신의 욕구를 억압하면 마음속에 울분이 쌓이기도 한다. 자신이 남에게 친절한 만큼 타인도 자신에게 친절하기를 바란다. 상대가 자신을 배려하고 친절하기를 지나치게 요구하면 인간관계에 장애가 생기기도 한다.

동생에게 항상 양보하기를 원하는 부모가 있었다. 장난감을 가지고 놀다가 형제간에 다툼이 생기면 부모는 으레 형이 양보하길 바랐다. 형이 동생에게 양보하면 부모는 아이를 인정해주지만 그렇지 않을 경우 야단을 맞았다. 아이가 학교에 입학한 후 친구와 다툼이 생기면 항상 먼저 양보하고 뒤로 물러서는 것을 본 엄마는 속상하고 화가 났다. 아이에게 친구가 부당한 요구를 하면 정당하게 주장하라고 말했지만 아이의 행동은 바뀌지 않았다.

아이는 어릴 적부터 동생과 갈등이 생길 때마다 부모의 승인을 받기 위해서는 갈등이 생기면 무조건 양보해야 한다고 결단했다. 자신의 행동 초점은 부모를 기쁘게 하는 것이기 때문에 자신의 욕구보다 부모가 바라는 것을 선택한 것이다. 그것이 자신의 행동을 몰아붙이는 몰이꾼이 된 것이다.

5. 튼튼해져라

아이가 울거나 슬픔의 감정을 표현할 때 "넌 강해져야 해" 하며 아이 감정을 받아주지 않을 경우 아이는 강해지기 위해 감정을 억압하게 된다. 특히 남자아이에게 부모가 주는 명령어일 경우가 많다. 아이가 울음을 터뜨릴 때 "그만 울어" "사내자식이 바보처럼 울면 안 돼" "사내는 울지 않는 거야"라는 말로 아이의 울음을 강제로 그치게 할 경우 아이는 약한 모습을 보이는 것이 자신을 위험에 빠뜨리게 된다고 결단한다. 약한 모습을 보이지 않기 위해 지나치게 애를 쓰게 되는 것이다.

아이에게 허가의 말을 해주자

아이가 억압되거나 자신을 있는 그대로 받아들이지 않고 몰아붙이는 사람이 되지 않기 위해서는 부모가 금지령이나 명령조로 말하는 데 주의를 기울여야 한다.

자신의 가능성을 발견하고 새로운 것에 도전하고 실패했을 때도 자신을 위로하고 다시 도전할 수 있는 사람이 되도록 키우기 위해서는 금지령이나 명령어보다 허가하는 말을 수시로 들려줘야 한다.

1. 완벽하지 않아도 돼, 실수해도 돼

아이가 어떤 일이든지 완벽하게 해내기는 무척 어렵다. 물을 엎지르기도 하고 옷을 더럽히기도 한다. 정리도 잘하지 못하고 씻는 것도 잊어버릴 때가 있다. 준비물을 잃어버리거나 늦잠을 자서 지각하기도 한다.

아이가 자신도 모르게 저지르는 실수에 대해 부모가 일일이 지적하며 비난할 때 아이에게 자신은 완벽하지 않으면 부족한 사람이라는 태도를 심어주게 된다. 완전하지 않지만 아이가 노력하는 태도를 지지해주고 오히려 실수했을 때 **"그럴 수 있어" "괜찮아"**라는 말로 실수를 용인해줄 때 아이는 두려움 없이 무언가를 시도하려는 의욕을 갖게 될 것이다. **"누구나 실패할 수 있어"**라는 말을 해줌으로써 아이가 항상 완벽한 결과로 부모에게 인정받으려고 지나치게 애쓰지 않도록 하자.

2. 그 정도면 됐어, 그만하면 충분해

부모의 기대가 너무 높아 아이의 성취에 만족하지 못하는 부모는 아이가 더 노력하기를 바라며 항상 "더 노력해라" "지금 하는 것으로는 부족하다"라고 말한다. 부모의 요구는 점점 높아져 아이가 시험을 볼 때도 만점이 아닌 것에 불만을 터뜨리고 "왜 그렇게 쉬운 걸 틀리니?" 하고 비난한다. 아이가 모르는 것을 물어오면 "그 정도는 알아야지” 하며 아이의 요구를 거절하기도 한다. 이럴 경우 아이는 무엇을 해도 부모로부터 “잘했다”라는 긍정적인 말을 듣기 어렵기 때문에 “좀 더 잘할 걸” 하며 후회하고 노력이 부족하다고 생각해 더욱 열심히 하기 위해 채찍질하는 사람이 된다.

아이가 커서 일 중독에 빠지지 않게 하기 위해서는 아이가 보여주는 결과에 대해 지나치게 평가하려는 태도를 보이지 말고 아이가 평상시에 노력하는 태도에 대해 긍정적인 말을 해주자. 그리고 아이가 보여준 성취에 대해서도 아이의 눈높이에 맞춰 충분히 인정해줄 수 있어야 한다. 아이가 해낸 것에 **“잘했구나!” “멋지구나!” “훌륭해!”** 등의 말로 아이를 인정해주자.

3. 천천히 해도 돼, 차근차근 하자

아이가 실수 없이 해야 할 일을 척척 해내기 바라는 부모는 수시로 “빨리 해라”는 말을 입에 달고 산다. “빨리 씻어라” “빨리 학교 가라” “빨리 자라” 등 수시로 서두르기를 명령하는 부모는 아이가 놀이나 재미있는 책에 빠져 있는 걸 참지 못하고 재촉하게 된다. 재촉할수록 아이는 더 꾸물거리고 부모의 화를 돋운다. 아이에게 “빨리 하라”라는 말 대신 **“천천히 해도 돼” “여유 있게 하자”**라고 말해주자. 아이가 시간을 지체하더라도 차분히 몰두해서 자신의 일을 할 수 있도록 기다리고 도와주자. **“시간이 많이 걸려도 괜찮아”**라고 말해주고 부모가 초조해하지 말고 느긋한 마음을 가져야 한다.

4. 네가 원하는 대로 해, 하고 싶은 것을 찾아

아이에게 선택권을 주지 않고 부모가 모든 것을 주도할 경우 아이는 부모의 말을 고분고분 들을 때 사랑받는다고 생각한다. 부모의 말을 잘 따르던 아이가 어느 순간 분노를 터뜨리고 반항하는 건 부모가 "내 기분에 맞게 행동해라" "내가 말하는 대로 따라야 한다"라는 명령어를 지속적으로 보냈기 때문에 아이가 더 이상 참기 힘든 상황이 된 것이다.

부모에게 순종을 강요당한 아이는 주관이 약하고 의기소침하기 쉽다. 내 아이가 남이 시키는 대로 기계적으로 하는 사람보다 자신의 주체성을 갖고 살아가길 바란다면 아이의 바람과 소망을 잘 들어주고 **특별히 위험하거나 해롭지 않다면 아이가 해보고 싶은 것을 시도할 수 있도록 허락**해야 한다.

5. 슬플 때는 실컷 울어도 돼, 속상한 기분을 이해해

아이가 약한 모습을 보이거나 슬퍼서 울 때 마음을 전환시키기 위해 강압적인 방법으로 울음을 그치게 하거나 위협하면 아이의 마음이 위축되고 병든다. 아이가 울 때 옆에서 함께 있어 주거나 따뜻하게 안아주며 아이의 감정 표현을 자연스럽게 수용해줘야 자신의 감정을 잘 받아들이고 적절하게 해소할 수 있다. 아이가 울 때 "바보처럼 왜 울어?" "뚝 그쳐!"라는 말 대신에 **"너, 지금 울고 싶구나" "슬프구나"**라고 아이의 마음을 공감하고 이해해주자. 아이가 감정을 표현할 때 거절하거나 비판하지 말고 공감해줘야 한다.

아이와 사랑을 쌓는 대화

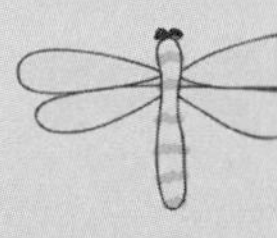

아이에게 엄마는
가장 중요한 대상이다

아기는 세상에 태어나 먹을 것과 청결 상태를 잘 챙겨줘도 **따뜻한 스킨십과 보살핌이 없으면 잘 자라기 어렵다.** 포유류 이하의 동물은 부모의 보살핌 없이도 잘 자라지만 포유류 이상의 동물은 보살핌 없이 생존하기란 불가능하다. 인간은 보살핌이 필요한 동물이다. 보살핌이 결핍되면 아무리 위생 상태가 좋아도 성장장애, 정서장애가 온다. 부모는 아이의 건강을 위해 깨끗하고 안전한 환경을 만들어주고 몸에 좋은 먹을거리를 정성껏 마련해야 한다. 그러나 아이가 행복하게 자라기 위해서는 신체적인 건강뿐 아니라 정서적으로도 건강해야만 한다. 보살핌이 없는 아이의 상태는 심리적으로는 죽은 상태와 같다. 먹을 것만 공급받은 영아가 돌연사하거나 애정결핍으로 반응성 애착장애가 발생하는 것도 같은 맥락이다.

정신분석학자 프로이트는 영아나 개인이 추구하는 욕구를 만족시켜 주는 사람이나 물건을 '대상'이라 부르며 한 사람의 무의식 세계에서 개인의 운명을 관리하는 양육자의 상(이미지)을 정의했다. 대상관계이론에 의하면 대상은 아기를 돌봐주는 양육자(주로 어머니)에 대한 이미지가 영아의 무의식에 녹아 있는 상태에서 아이의 모든 행동 규범과 느낌을 만들어내고, 그 사람의 총체적인 인간 됨됨이를 결정해주는 심리적인 틀이 된다고 한다. 사람은 타고난 본능에 의해 정신이 성장하는 것이 아니라 양육자(보통 어머니. 즉, 대상)와의 경험에서 느꼈던 이미지와 어머니가 만들어준 아이의 이미지가 무의식 세계에서 상호작용해 아이가 다른 사람과의 관계를 결정하고 사건이 있을 때마다 이를 해석하고 반응하는 기능이 결정된다는 것이다. 대상관계는 아이의 자아가 성장 과정에서 다른 사람과 관계를 이룰 때 마음의 틀이 된다. 어릴 때 엄마와의 경험에서 생긴 이미지가 대인관계나 사건 해석에 영향을 주는 것이다.

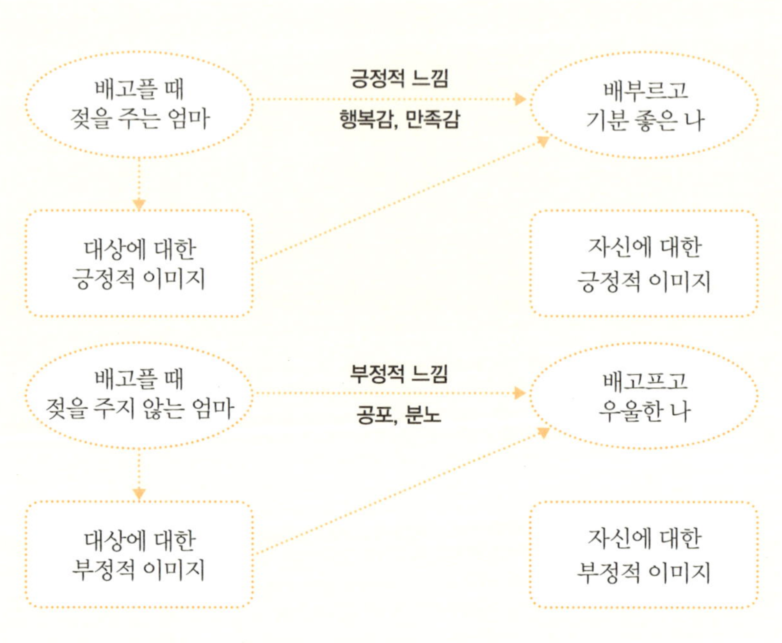

위의 그림에서 보듯이 아기가 배가 고플 때 엄마가 적절하게 반응해 젖을 주면 아기는 배가 부를 뿐 아니라 좋은 느낌까지 갖게 된다. 엄마와의 상호작용으로 자신에 대한 이미지와 대상에 대한 이미지를 긍정적으로 내면화하는 것이다. 반대로 배는 고픈데 엄마가 적절하게 반응해주지 않으면 아기는 매우 불쾌한 느낌을 갖게 되고 자신과 대상에 대해 부정적인 이미지를 갖게 된다. 따라서 아기가 장차 긍정적이고 행복한 사람으로 성장해가기 위해서는 주 양육자인 엄마가 아이에게 좋은 느낌을 갖도록 적절하게 반응해야 한다.

접촉은 가장 따뜻한 소통 방법

접촉이 아이들의 발달에 무척 중요하다는 사실을 알 수 있게 해주는 실험이 있다. 침팬지가 태어났을 때 아기 침팬지를 엄마와 격리시켜 엄마를 볼 수도 만질 수도 없는 상태에 두었더니 아기 침팬지는 일주일을 넘기지 못하고 죽었다. 엄마를 볼 수 없는 것 외에는 충분한 영양분을 공급해줬고, 좋은 환경도 만들어줬다. 아기 침팬지의 사망 원인은 뇌경색이었다. 두 번째로 아기 침팬지에게 엄마를 만질 수는 없지만 유리문으로 가려 볼 수 있는 상태로 만들었다. 물론 영양분과 다른 환경은 충분했다. 그러나 이 침팬지 역시 두 달을 넘기지 못하고 죽음을 맞았다. 사망 원인 역시 뇌경색이었다. 세 번째 침팬지는 엄마를 볼 수는 없지만 만질 수 있도록 칸막이에 구멍을 뚫었다. 엄마와 접촉이 있는 상태를 만들어준 것이다. 먹이와 다른 환경은 위의 침팬지와 동일했다. 이 원숭이는 6개월 동안 살았는데 체격이 또래 원숭이의 절반밖에 되지 않았고, 심한 정서장애와 우울증을 보였다.

침팬지의 97%가 인간과 유사한 유전자를 갖고 있다. 이 실험에서 우리는 생존하기 위해 먹는 음식뿐 아니라 접촉이 필수적임을 알 수 있다. 또 아이의 뇌 발달에도 접촉이 얼마나 중요한가를 알 수 있다. 침팬지들은 접촉이 없어 뇌가 굳어 뇌경색으로 사망했다. 아이들의 두뇌를 발달시키기 위해서는 접촉을 많이 해주는 것이 가장 중요하다. 접촉은 영아의 뇌 발달에 직접적인 영향을 준다. 그래서 피부를 '겉으로 드러난 뇌'라고 부르는 것이다.

제2차 세계대전 후 영국에서는 전쟁고아들이 너무 많아 더 이상 고아원 시설에 수용하는 것이 불가능해지자 고아들을 일반 가정에 입양시키게 됐다. 당시 영국은 각국에서 구호물자가 답지하고 정부가 직접 지원해주었기 때문에 일반 가정보다 고아원이 먹을거리가 더 풍성하고 여유가 있었다. 얼마간 시간이 경과한 후 정부 차원에서 가정으로 입양시킨 아이와 고아원에 수용한 아이들의 발육상태를 조사했다. 영국 정부는 당연히 먹을거리가 충분했던 고아원 아이들의 발육상태가 나을 것이라 추정했지만 결과는 정반대였다. 일반 가정에서 자라난 아이들의 신장과 몸무게가 월등하게 좋았다. 이상하게 생각한 소아과와 정신과 의사들이 역학관계를 조사했다. 그 결과 고아원에서는 일손이 모자라 아기들이 젖을 먹을 시간이 되면 젖병을 아이들이 먹을 수 있는 자리에 꽂아 놓기만 하면 아기 스스로 붙잡고 먹어야 하는 것에 반해 일반 가정의 아이들은 비록 먹을거리가 부족하지만 젖을 먹을 때 부모들이 아기를 직접 안고 눈을 바라보며 수유를 한 것이다. 어린아이에게 진정으로 필요한 것은 엄마의 젖, 그 자체가 아니라 살과 살이 맞닿는 접촉이었다.

미국 국립아동병원 의사였던 르네 스피츠(Rene Spitz) 박사는 감옥에서 태어나 거리에 버려진 아이를 돌보는 과정에서 어려움에 직면했다. 그의 고민은 위생적인 환경에서 충분한 음식을 주면서 아이들을 양육했지만 유아사망률이 높다는 사실이었다. 그러던 어느 겨울, 스피츠 박사는 휴양 차 멕시코에 들렀다가 근처 고아원에서 뜻밖의 사실을 알게 됐다. 그 고아원은 영양도 형편없고 비위생적이었음에도 불구하고 아이들의 건강상태가 매우 좋고 활발하게 잘 자라고 있는 걸 발견했다. 그는 고아원 근처에 사는 여성들이 매일 와서 아기를 안아주고 흔들의자에 앉혀 이야기와 노래도 들려주는 것이 아기들이 건강하게 자라는 요인임을 알게 됐다. 결국 스피츠 박사는 접촉을 가진 아이는 건강하게 자라고 스킨십 없이 자라는 아이들은 점점 약해지고 접촉 결핍증 때문에 세포들이 죽어간다는 결론에 도달했다.

미국 사우스 캐롤라이나 주립대 의과대학에서는 인큐베이터 속 미숙아들을 대상으로 접촉 결핍증에 대한 임상 실험을 했다. 실험은 미숙아를 두 그룹으로 나눠 한 그룹에서는 매일 15분씩 4번에 걸쳐 스킨십을 해주는 대신 음식 양을 적게 주었고, 또 한 그룹은 영양분을 충분히 공급해준 대신 스킨십을 해주지 않았다. 1개월 후 두 그룹의 양육상태를 비교해보니 스킨십이 많았던 아이들의 몸무게가 훨씬 높았으며 스킨십이 결여된 아이들은 잔병치레가 많고 불안해했으며 얼굴이 창백하고 심장 박동과 호흡도 약하다는 사실을 밝혀

냈다.

"어떻게 사랑하고 어떻게 사랑받아야 할 것인가 하는 태도 형성은 **유아기 때 결정**된다."

유아심리학자들은 이렇게 말한다. 유아기 때의 스킨십은 단순한 커뮤니케이션이 아니라 사랑을 주고받는 행동이기 때문이다. 만약 신생아를 산모와 격리시킨 상태에서 분유만 먹인다면 신생아들은 계속 울어대고 탈진해 결국 죽게 된다는 것이다. 이것이 르네 스피츠 박사가 이름 붙인 '소아탈진증(Marasmus)'인데 이 병은 쓰다듬어주는 것 외에는 약이 없는 병이다. 동물은 인간처럼 손이 없기 때문에 혀로 새끼의 온몸을 핥아준다. 유아기 때 스킨십이 결핍되면 아이가 많이 울거나 잔병치레를 많이 하게 된다. 아이들이 따뜻한 스킨십을 그리워하는 것은 음식을 원하는 생리적인 욕구보다 훨씬 강하다.

나는 가치 있는 사람이다
라는 말은 엄마에 의해 형성된다

영화 〈아름다운 비행〉을 보면 엄마를 잃은 주인공 에이미가 방황하던 중 늪 주위에서 미처 부화하지 못한 야생 거위 알을 발견한다. 에이미는 거위 알을 조심스럽게 집으로 옮겨 따뜻한 손길로 아기 거위를 태어나게 한다. 아기 거위들은 세상에서 가장 먼저 본 에이미를 어미 새로 알고 오로지 에이미 곁에서 쉬거나 그녀의 행동만 따라한다. 에이미도 엄마가 없는 상황에서 16마리에 달하는 거위의 작고 소중한 엄마가 된다.

동물생태학자 로렌츠(Konrad Lorenz)는 종에 따라 다르지만 어미에 대한 애착 반응이 생후 초기에 결정된다고 보았다. 하위동물은 출생 직후부터 어미를 따르는 행동을 본능의 결과로 본 것이다. 새끼를 낳자마자 어미와 분리시켜 인위적으로 다른 물체로 대치한다면 새끼들은 그 물체를 따르게 된다. 특히 물체가 결정적 시기에 제시된다면 새끼는 실제로 어미가 돌아온 후에도 그 물체를 계속 따른다. 하위동물들의 이런 애착 상태를 '각인'이라 하며 각인은 '사회적 행동'에 중요한 영향을 미친다. 사람도 동물과 마찬가지다. 사람보다 하등한 동물은 태어난 지 몇 시간 혹은 며칠 동안 공포 반응이 시작되기 전 상태가 결정적인 시기가 될 수 있지만 사람은 생후 8~9개월경 심하게 낯가림을 하기 전의 기간을 '애착 형성의 민감기'로 본다. 애착이란 아기와 양육자 간의 강한 '정서적 유대'를 의미할 뿐 아니라 인간의 발달에 매우 중요하며 아기의 생존을 위해서도 필수적이다. 아기와 엄마의 강한 유대감이 있어야 엄마는 아무리 피곤하고 귀찮아도 기꺼이 한밤중에 일어나 아기에게 젖을 먹인다. 또 애착은 아기에게 자신, 타인, 세상에 대한 개념을 형성하는 데 중요한 역할을 한다.

갓 태어난 두 아기가 있다. 한 엄마는 아기가 울 때마다 어디가 불편한지 살펴주고 아기의 욕구를 적절하게 채워주는가 하면 아기를 안아주고 노래나 이야기를 들려준다. 또 다른 엄마는 아기를 돌보는 일이 너무 힘겹고 피곤한 나머지 어떤 날은 너무 짜증이 나 아기의 울음소리가 듣기 싫어 아기를 혼자 둔 채 방문을 닫아버린다. 기분이

가라앉아 아무런 의욕도 생기지 않고 아기 엄마란 사실이 끔찍하기만 하다. 그 아기는 울다가 지쳐 잠이 들었다. 두 엄마에 의해, 그것도 각각 다른 환경에서 자란 아기는 자신과 타인, 세상에 대해 전혀 다른 생가을 가지게 된다. 첫 번째 아기는 자신이 '괜찮은 사람'이라고 생각한다. **'나는 사랑받고 누군가 나를 보살펴줄 정도로 가치 있는 사람이야.'** 이런 생각은 자신을 긍정적으로 평가한다. 엄마에 대해서도 좋은 느낌을 갖는다. '엄마는 나를 돌봐주고, 내가 필요할 때 언제나 곁에 있어준단 말이야. 나도 내 부모처럼 될 거야'라고 생각하며 타인에 대해 긍정적인 느낌을 갖는다. 이 아기가 느끼는 세상은 따뜻하고 살 만한 곳이며 사람 속에서 행복감을 느낀다.

반면 두 번째 아기는 '난 쓸모없는 사람이야. 나는 누가 날 보살펴주거나 사랑받을 자격이 없어'라고 생각하고 자신의 가치를 평가절하한다. 엄마에 대해서도 '엄마는 항상 힘든 사람이야'라고 생각해 엄마에게 화가 난다. 아기는 부모의 역할을 배울 기회를 갖지 못해 좋은 부모상을 내면화할 수 없다. 아기가 느끼는 세상은 위험하고 믿을 수 없고 몹시 차갑다. 어떤 아기가 미래에 행복한 사람으로 자라게 될지는 자명하다. 아이가 부모와 애착관계를 형성하는 시기에는 부모 스스로 몸과 마음의 건강상태를 지키기 위해 노력해야 하고 주변의 도움도 적극적으로 받을 수 있어야 한다.

영국의 정신분석학자 존 볼비(John Bowlby)는 유아가 애착 대상인 부모와의 관계에서 형성한 개념들을 '내적 작동 모델'로 정의하고, 아이가 성장하면서 점점 정교하게 발전돼 아이의 건강한 발달, 특히 사회성 발달에 지대한 영향을 미친다고 주장했다. 볼비는 애착 발달 단계에서 생후 3개월까지(1단계)는 애착 대상이 따로 고정돼 있지 않다고 보았다. 이 시기의 아기는 어떤 얼굴에 대해서도 미소를 지으며, 누구라도 곁에서 떠나가면 울지만 생후 3~6개월(2단계)에 이르면 낯익은 사람에게 시선의 초점을 맞추게 된다. 이때 아기의 애착 행동은 몇몇 익숙한 사람에게만 한정되며, 낯선 사람은 경계한다. 그 후, 3단계(6개월~3세)에 이르면, 아기는 보다 활동적으로 이리저리 기어 다니고, 애착 대상을 가까이하는 데 좀 더 적극적이다. 이때의 아기는 부모가 갑자기 떠나려고 하면 뒤따라가는 반응을 보인다. 3세 이후가 되면 아이는 보호자의 목표나 감정, 입장을 이해하고 여기에 자신의 행동을 맞추기 시작한다. 부모와 보다 복잡하고 풍부한 관계가 성립되는 것이다.

부모와의 애착은 아이의 자신감이 된다

"18개월 된 여자아기가 첫아이에요. 요즘 부쩍 떼를 많이 쓰는데 말로 타일러도 막무가내로 울고 버티는 일이 많아졌어요. 아빠와 의논해서 너무 심할 때는 매를 들어서 발바닥을 때리는데 맞으면 아파서 피하기도 하고 미안해하면서 바로 잘못했다고 해요. 정말 잘못했다고 생각하기보다 매 맞는 게 무서워서 그러는 것 같아요. 매를 점점 자주 들게 되는 것 같아 마음이 무거워요. 어떻게 해야 할까요?”

　아직 말을 알아듣지 못하는 어린 아기를 키우는 부모는 아기가 이유 없이 울거나 엄마를 힘들게 할 때 심적으로 무척 지친다. 더러 아기가 미워지기도 한다. 아이가 떼를 쓰거나 고집을 부릴 때 아이에게 해서는 안 되는 일과 해도 되는 일을 엄격하고 일관되게 가르치는 일은 아이를 양육하는 부모에게는 매우 중요한 역할이다. 아이에게 이런 기준을 가르쳐야 할 시기는 언제쯤일까? 아기는 만 두 돌이 돼야 자율성 훈련이 가능하고 자신의 욕구를 조절하는 방법을 배울 수 있다. 두 돌 이전에는 아무리 가르치려 해도 안 된다. 아기가 세상에 태어나서 처음으로 겪는 정서적 경험이 ‘애착’이다. 애착은 영아와 부모 사이에 형성되는 정신적 유대관계다. 아이들이 18개월이 되기 이전에 애착 대상(주로 엄마)과 어떤 관계를 형성하는가에 따라 나중에 사회적으로 아이가 어떻게 행동할 것인지 미리 알 수 있다고 한다. 생후 18개월 동안 어머니와 맺은 관계가 그 아이의 전 생애에 걸쳐 맺는 사회적 관계의 바탕이 되는 것이다. 그렇다면 이렇게 중요한 시기를 부모와 아이는 어떻게 지내야 할까?

아이와 부모 간에 주고받는 여러 가지 상호작용이 충분하다면 아이와 부모는 끈끈한 정서적인 유대를 유지하고 발전시킨다. 낳은 정도 크지만 기른 정이 더 크다는 얘기가 근거를 가지는 이유다. 부모와 아이가 시간과 마음을 함께 나누고 단단한 정서적 유대관계를 형성하면 아이에게 든든한 힘이 될 수 있다. 이 힘은 성장 과정에서 아이가 타인과 정서적 유대를 형성하는 데 지대한 영향을 미친다. 영아기에 최초의 안정된 애착관계를 경험하면 이후에 안정성, 자신감, 신뢰감, 협동심, 타인을 도우려는 태도들이 발달한다. 환경을 탐색하거나 지배하는 능력도 발달하고, 자율성을 가지고 대집단에서 자신 있게 행동한다. 볼비는 영아가 부모와 안정된 관계를 맺는 것은 '생후 1년간의 주요 발달 과업'이라고 표현했다.

사실 앞에서 사례로 든 아기는 아직 두 돌이 되기 전의 아기다. 이 시기는 엄마와 아이가 한 몸이 돼서 단단하고 안정적인 애착관계를 형성해야 하는 시기다. 그렇게 하려면 당연히 아기가 울음이나 몸짓으로 표현할 때 적절하게 반응해줘야 한다. 말을 할 수 없어 감정을 울음으로 표현하는 아기는 자신이 울면 엄마가 즉시 달려온다는 것을 알아야 낯선 상황에서도 불안해하지 않는다.

만약 이 시기에 아기를 훈육하기 위해 매를 들거나 혼낸다면 아기는 엄마와 불안정 애착관계를 형성하게 된다. 아이가 주 양육자와 불안정한 애착관계를 형성하면 아이는 커서 세상을 믿지 않게 되고 주변 사람들과 친밀한 관계를 만들어가지 못하게 된다. 훈육은 최소한 두 돌이 지나서 배변 훈련이 가능할 때 할 수 있다. 이때도 부모가 매를 들거나 지나치게 엄격한 기준으로 아기를 훈육해서는 안 된다. 부모는 자녀의 정서적인 신호를 잘 파악해 적절히 반응해줘야 한다. 아이가 짜증을 내거나 배가 고프거나 몸이 불편한지를 민감하게 파악해 응답해야 한다. 이때 윽박지르거나 혼을 내서는 안 되며 아이에게 화풀이를 해서도 안 된다. 아기는 부모로부터 자신이 충분히 받아들여지고 있다고 생각하게 되면 더 이상 짜증을 부리지 않는다. 아기가 엄마를 필요로 할 때 정성껏 보살펴야 하며, 직장에 다니는 워킹 맘이라 해도 아이와 많은 시간을 함께해주지 못하는 것에 대해 죄책감을 가질 필요는 없다. 짧은 시간이라도 아이와 밀도 있게 아이의 요구에 잘 반응한다면 안정된 애착관계를 형성할 수 있다. 애착 형성은 양육 시간에 비례하지 않는다. 하루 종일 엄마와 함께 있어도 부모의 관심에서 방치돼 있다면 부모와 단단한 애착 형성이 어렵다. 이 시기에 아기들과 애착을 형성하는 가장 좋은 방법은 신체적인 접촉이다.

모든 아기들은 자신이 만져지는 걸 좋아한다. 아기를 만져주고 껴안아주면 뇌 속의 변연계를 자극해 행복과 쾌감을 느끼는 물질대사가 활발하게 이뤄져 성장호르몬이 잘 분비된다. 피부를 만지는 것은 마음을 어루만지는 것이다. 접촉이 없는 상태는 심리적인 죽음과 마찬가지다. 부모의 따뜻한 체온으로 아기를 안아주고 마사지하거나 함께 뒹구는 행위를 통해 아기는 자신이 안전하게 보호받고 세상은 살 만한 곳이라는 느낌을 갖는다.

엄마와 충분한 애착이나 신뢰관계가 형성되지 않을 경우 아이는 분리 불안에 시달리고 자신감이 없거나 위축된 모습을 보인다. 친구 관계도 잘 맺지 못한다. 부모는 아이의 심리적인 상태를 잘 이해하고 양육 방법을 점검하고 바꾸는 것이 필요하다. 부모는 아이에게 편안한 사람, 항상 신뢰를 주는 대상이 돼야 한다. 이런 아이가 커서 리더 역할을 담당하게 되므로, 아이 성장의 뿌리가 애착관계에서 온다는 것을 기억하자.

부모는 다양한 방법으로 사랑을 표현해야 한다. 아이가 성장함에 따라 자녀와 단조롭게 접촉하는 것보다 신나고 즐거운 방법을 개발해 엄마표 애정 표현법을 만들어보자. 뽀뽀하기, 아이를 발등에 올려 걷기, 귓속말하기, 발 간질이기, 무릎에 앉혀서 이야기해주기, 이마나 코 비비기, 껴안고 뒹굴기 등 다양하고 아이디얼한 방법을 시도해보자.

1. 아이 요구에 즉각적으로 반응하자

아이가 울거나 떼를 쓸 때 부모는 즉각 반응하도록 하자. 이런 반응은 아기의 정신적 안정뿐 아니라 유능함과 상황에 대한 통제력을 느끼게 해준다. 아기는 자신의 울음이 타인에게 어떤 영향을 미칠 수 있음을 알고는 즐거워한다. 아이가 자신의 느낌이나 욕구를 표현할 때 부모는 빨리 달려가 아이와 눈을 마주치고 반응해주자. 아이의 요구를 들어줘야 할지 말지는 그 다음의 일이다. 아이가 부를 때 "기다려" "조금만" "네가 와!" "엄마 바빠!" 등의 반응은 아이와의 긍정적인 신뢰 형성에 전혀 도움을 주지 못한다. 아이는 커서 부모가 보여준 모습 그대로 반응하게 된다.

2. 아이의 요구에 민감하게 반응하자

부모는 아이의 정서적인 신호를 잘 파악해 적절히 반응해줘야 한다. 아이가 짜증을 낼 때 피곤한 건지, 속상한 건지 아니면 하려는 것이 잘 안 되는지를 민감하게 파악해 아이의 요구에 응답해야 한다. 부모가 무감하거나 냉담하면 아이의 상태를 잘 알아차릴 수 없다. 평소 아이를 민감하게 관찰하면 아이 상태를 알아차리기 쉽다. 왜 짜증을 내느냐고 윽박지르거나 혼을 내서도 안 된다. 물론 화풀이해서도 안 된다. 아이는 부모로부터 자신의 감정을 충분히 이해받고 나면 짜증을 내지 않는다. 아이들의 부정적인 행동은 부정적인 감정이 원인이다. 아이에게 나쁜 감정이 생겼을 때 부모가 그것을 잘 해소하도록 들어주면 편안한 감정 상태가 돼 울거나 떼를 부리지 않고 다른 것에 집중할 수 있게 된다.

3. 아이에게 일관성 있는 태도를 보이자

자녀를 대할 때 부모가 자신의 기분에 따라 아이에게 화내고, 무시하고, 거절하는가 하면, 어떤 때는 지나치게 뽀뽀하고 껴안으면서 종전과 전혀 다르게 행동할 경우 아이는 불안정 애착을 형성하기 쉽다. 부모는 늘 편안한 마음으로 자녀를 대해야 한다. 잘못된 행동도 지나친 감정적인 대응을 자제하고 무엇이 잘못됐는지 자녀가 알아듣도록 설명해줘야 한다. 그러기 위해서는 부모 스스로 감정을 통제할 수 있어야 하고 스트레스를 잘 관리해야 한다.

03

애착이 단단하면
독립적인 아이가 된다

일곱 살 예린이는 유치원에 갈 때는 반드시 아기 때부터 쓰던 베개를 들고 간다. 베개가 없으면 유치원에 가지 않으려 한다. 예린이는 아기 때부터 예민하고 낯가림이 심했다. 맞벌이 부부 밑에서 자라 하루 종일 놀이방에서 지냈고 부모와 같이 있는 시간도 많지 않았다. 놀이방에서도 베개를 엄마처럼 껴안고 의지했으며, 유치원에 갈 때도 베개 없이는 가지 못한다. 어디를 가도 베개를 찾기 때문에 베개가 더러워져도 세탁할 수도 없다. 만화 〈찰리 브라운〉에도 이와 비슷한 유형의 캐릭터가 등장한다. 찰리 브라운의 친구 라이너스는 항상

하늘색 담요를 끌고 다닌다. 그래서 '블랭킷 증후군' 또는 '라이너스 증후군'이라 부른다. 라이너스처럼 한 가지 물건에 집착하는 아이들이 있다. 집착하는 대상도 다양하다. 담요, 베개, 인형, 장난감은 물론 가짜 젖꼭지도 그 대상이다. 아이들이 특정한 물건에 과도하게 집착할 때 부모는 아이에게 문제가 있는 것 같아 걱정한다. 소아정신과 전문의들은 아이들의 이런 집착적인 행동은 정상적인 성장 과정에 따른 '과도기 현상'이라고 말한다. 베개나 담요 등 아이들이 떼어놓지 않으려는 물건은 '과도기 대상'으로 성장에 큰 문제가 되지 않는다고 한다.

블랭킷 증후군은 아이가 엄마(양육자)에게서 독립해가는 과정에서 불안한 마음을 안정시키기 위한 자연스러운 현상이며 아이가 집착하는 대상을 '엄마의 대체물(중간 대상)'이라고 부른다. 이런 과도기 현상은 생후 약 8개월부터 나타나서 만 3세 무렵 자연스럽게 대상에서 멀어지게 되고 차츰 엄마가 눈에 보이지 않아도 불안감이 사라지게 된다. 그러나 블랭킷 증후군은 아이에 따라 정도 차이가 심하기 때문에 과도기 현상이 아주 짧게 지나가 부모가 이를 인식하지 못하는 경우도 있지만 몇 년씩 증상이 계속돼 부모가 힘들어하는 경우도 있다. 보통 만 3세가 지나면 아이들은 중간 대상에 대한 집착이 없어지고 '대상항상성'이 생겨나 엄마가 눈에 보이지 않아도 엄마가 사라지거나 자신을 버리지 않을 것이라는 믿음이 생긴다. 그런데 어떤 아이는 만 4~5세까지 중간 대상에 집착하는 경우도 있다. 만 5세가 지나도 엄마와 '건강한 분리'가 일어나지 않는 경우 아이는 자신이 분신처럼 여기는 물건이 보이지 않거나 빼앗기면 떼를 쓰거나 심하게 화를 내고 외출을 어려워한다. 유치원이나 학교에 가지 않으려 할 때는 아이의 정서 상태를 주의 깊게 살펴보아야 한다. 정서적으로 허약한 아이는 중간 대상과의 이별을 무척 힘들어한다. 지나치게 의존적이어서 자립심이 부족하고, 자기주장이나 자신감 없는 아이는 엄마와 떨어지는 것이 불안해 중간 대상에 대한 집착이 강하고 오래갈 수 있다.

부모가 맞벌이하느라 아이를 방치하거나 잘 보살펴주지 못한 경우, 양육자가 자주 바뀌어 아이가 주 양육자와 애착 형성을 하지 못한 경우, 부모가 우울증이 있는 경우도 아이를 불안하게 만든다. 이렇게 아이가 집착하는 것은 자신의 생존을 위한 것이므로 중간 대상을 강제로 떼어놓는 것은 위험하다. 어떤 아이는 대상과의 이별에 공포심을 느끼기도 하고 불안감이 해소되지 않으면 성장한 이후에도 불안이 지속될 수 있다.

"그럼, 안 데리고 갈 거야."
"잡아가라고 할 거야."

말로 아이를 무섭게 만들지 말고 서서히 중간 대상에 대한 집착을 줄이도록 도와줘야 한다. 직장생활을 하는 상민이 엄마는 아침마다 아이와 전쟁을 치른다. 상민이는 여섯 살이 됐는데도 유치원에 갈 때 자신이 가장 좋아하는 장난감을 챙겨가려고 한다. 유치원에서는 상민이의 장난감 때문에 친구들과 다툼이 잦아 장난감을 집에 두고 오라고 하지만 그럴 때마다 심하게 불안해한다. 유치원에서도 상민이는 자신의 장난감만 가지고 놀고 친구들한테 장난감을 만지지도 못하게 한다. 상민이는 엄마와 안정적인 애착 형성이 되지 않아 심리적으로 엄마와 분리되기 어려운 상태다. 상민이 엄마는 집에 돌아와도 지쳐서 아이와 잘 놀지 못하고 주말에도 집에서 잠을 자거나 밀린 일을 할 뿐 아이와 즐거운 시간을 함께해 주질 못한다. 상민이가 지나치게 집착하는 대상에서 서서히 떨어지게 하는 가장 좋은 방법은 부모가 아이와 함께 시간을 보내고 스킨십을 해주는 것이다. 아이가 부모와 떨어지는 것에 대해 심하게 불안해하거나 중간 대상에 집착할 때 따뜻하게 안아주고 쓰다듬어주거나 뽀뽀처럼 부드럽게 다독여주는 것으로 항상 아이 곁에 부모가 있다는 걸 느끼도록 해줘야 한다. 엄마와의 정서적인 경험이 충족되면 아이의 분리 불안은 자연스럽게 사라지고 유치원에서도 또래 친구들과 즐거운 시간을 보내게 될 것이다.

엄마는 항상 존재한다고 믿는 대상이어야 한다

소아과 의사이며 정신분석가인 마거릿 말러(Margaret Mahler)는 아이가 엄마로부터 분리되는 것은 엄마와의 공생적인 융합에서 벗어나는 것이며, 개별화는 아이가 자신의 개인적 특성을 갖춰가는 것이라고 한다. 아기가 태어나 생후 2개월까지는 신체적인 감각만 인식하는 자폐적인 단계로 자신과 대상이 구별되지 않은 상태다. 이 단계를 절대적인 자기애 단계라고 하는데 아기는 배가 고프면 젖이 들어오고 불쾌하면 기저귀를 갈아주거나 깨끗하게 몸을 씻어주는 행위를 통해 자신이 전지전능하다는 환상을 경험한다. 그래서 생후 6개월까지 아기는 몸을 통해 경험하는 접촉이 중요하다. 말러는 아기의 '심리적 탄생'을 도와주기 위해서는 엄마가 아기를 안아주는 것이 중요하다고 강조한다. 엄마가 아기를 안아줌으로써 유아는 정체성을 만들어간다. 1차적으로 자기애가 쇠퇴하고 2차적인 자기애가 형성될 때 엄마를 2차 자기애의 대상으로 생각하는 것이다. 이 시기에 엄마와 아기가 한 몸이 되는 것처럼 서로 공생이 충분하면 아기는 충족감과 전능함을 경험하며 자신과 엄마가 하나인 것처럼 느끼게 된다. 만족감의 경험은 자기 신뢰와 자아존중감 발달의 기초를 이루게 된다.

영국의 소아과 의사 위니코트(Donald Winnicott)는 아이의 인격 발달이 아이 내면에서 홀로 일어나는 과정이 아니라 아이와 돌보는 사람과의 관계 안에서 일어나는 상호 과정이라고 생각했다. 그래서 전적으로 엄마에게 의존해야 하는 아이를 위해 항상 일관성을 유지하며 따뜻하게 안아주고 위안을 줌으로써 아이의 전능한 욕구를 충족시켜주는 엄마가 돼야 한다고 강조한다. 위니코트 박사는 부모에게 절대적으로 의존해야 하는 유아가 엄마에게 안기는 것은 건강한 발달을 돕는 핵심이며 아이의 전능함을 경험하게 해준다고 말한다. 보통 아기는 6~10개월 사이에 자신의 신체를 자각하고 자신과 어머니, 다른 사람을 구분하기 시작한다. 이전까지는 자신의 내면이나 엄마에게만 관심을 보였지만 낯선 사람을 보면 불안 반응을 보이는 낯가림이 시작된다. 깨어 있는 시간이 길어지고 운동 기술이 발달돼 몸을 움직이기 시작하고 엄마에게 자신의 몸을 전적으로 맡기던 공생관계에서 벗어나 머리, 귀, 코 등을 잡아당기거나 주위 환경을 자세히 살피기 위해 몸을 꼿꼿이 세우기도 하며 중간 대상에서 쾌감을 얻기도 한다. 이때 엄마가 지나치게 짜증을 내거나 아기에게 부정적으로 반응하면 아기는 엄마와의 공생관계에서 상실감을 경험하게 된다. 그러므로 엄마는 자신의 감정을 조절하고 아이에게 긍정적인 반응을 해줄 수 있어야 한다.

아기는 10개월이 지나면 엄마와 떨어지기 위해 적극적으로 연습을 한다. 운동 기능이 발달해서 엄마에게 분리될 수 있고 움직이는 영역도 넓어지게 된다. 아기가 자신의 세계를 확장해가는 즐거움을 누리고 자율 능력을 습득하면서 마치 자신이 모든 것을 할 수 있을 것 같은 착각에 빠져 건강한 자기애가 절정에 이르게 된다. 특히 아기가 일어서서 직립보행이 가능해지면 눈높이가 높아진다. 아기가 일어설 때 박수를 쳐주고 응원해주면 이 또한 전지전능함을 느낀다. 이 시기의 유아는 우울감이 없다고 한다. 유아는 심리적인 안전지대를 유지하고 있는 엄마 주변을 돌면서 탐색하고 반복적으로 엄마에게 돌아온다. 관심 대상이 확대되고 걷기 시작하면서 자기 세계의 위대성과 자기도취가 일어나며 자기애의 정점을 이룬다. 위니코트는 '충분히 좋은 엄마들'은 완벽하지 않으며 일상적인 일을 하는 평범한 사람들이라고 말한다. 그래도 좋은 엄마는 유아가 전능함을 경험하도록 아기의 약한 자아에 힘을 실어줘 자신의 삶을 갖도록 도와주는 것이라고 강조한다. 이 시기의 아기는 사물이 눈에 보이지 않으면 사라진다고 생각한다. 즉 '까꿍 놀이'를 통해 부모를 사라지게 하거나 다시 나타나게 할 수 있는 능력이 있다고 생각하는 것이다. 이때 아기가 전능함을 충분히 만끽할 수 있도록 도와주면 아이가 엄마에게서 건강하게 분리 독립할 수 있다. 아이가 엄마에게서 분리하려는 시도 때문에 발생할 수 있는 고통을 피하기 위해 아이를 밀쳐내거나 엄마의 필요에 따라 아이를 안아주는 등 일관성 없는 행동을 보여주면 아이 스스로 분리의 개별화를 자각하면서 불안해한다. 자신의 울음이나 행동이 엄마에게 미치는 영향력이 증가하고 엄마와 자신이 한 몸이 아니라는 것을 인식하면서 자신이 원하는 것이 항상 엄마가 원하는 것이 아니라는 것을 알게 되는 것이다. 난생처음으로 자신의 전능함을 의심하고 능력의 한계를 알게 되면서 좌절감을 느낀다. 좌절과 실패를 통해 전능함을 상실하는 것이다.

자신이 더 이상 전능하지 않다는 것을 자각하면서 무력감 때문에 분노를 터뜨리기도 한다. 뭐든지 마음대로 할 수 없다는 능력의 한계를 느끼고 엄마와의 분리를 자각하면서 불안해한다. 의존 욕구와 자율 욕구 사이에서 갈등하는 것이다. 유아는 엄마를 전적으로 좋거나 혹은 나쁜 대상으로 인식하기 때문에 이 단계의 아기는 엄마에 대한 좋은 표상과 나쁜 표상을 통합하기 시작한다. 결국 '까꿍 놀이'를 하는 엄마가 사라지는 게 아니라 자신이 볼 수 없는 곳에 숨어 있다는 걸 알게 된다. 바로 대상항상성이 향상되는 단계다. 이때 아이는 자주 뒤를 돌아보는데 엄마가 아이의 눈앞에 항상 보이면서 긍정적인 반응을 해주면 안정감을 얻는다.

대상항상성은 한 개인의 일생 동안 대단히 중요한 기능이다. 대상항상성은 타인에 대한 자각과 감정이 극단적이 될 수도 있으며, 부분적으로 작용하지도 않는다. 타인에 대해 부정적인 감정이 느껴져도 긍정적인 측면과 관련된 정서를 기억하고 발동시킬 수 있기 때문이다.

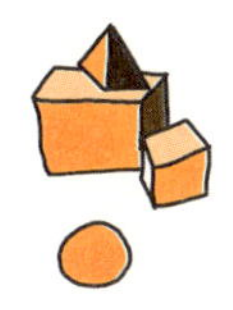

04

엄마에게 필요한 건 '캥거루 프로그램'

부모가 대학교수인 한 아이는 5세까지 도우미가 키웠다. 불행하게도 그 도우미는 귀가 잘 들리지 않는 청각 장애인이었기 때문에 아이의 울음에 적절히 반응해주지 못했다. 아이는 유치원에 가도 선생님이나 친구들과 전혀 상호작용을 하지 못했다. 원인은 반응성 애착장애였다. 엄마는 원인을 알고 난 후 잃어버린 5년의 시간을 만회하기 위해 아이와 많은 시간을 함께하며 아이에게 반응해주기 시작했고 아이는 좋아지기 시작했다.

반응성 애착장애는 5세 이전에 엄마나 양육자로부터 보살핌을 제대로 받지 못해서 발생하는 증상이다. 아이에게 공포감을 주거나 체벌을 해서 심한 불안과 좌절을 주면 뇌 신경학적인 발달 장애와 반응성 애착장애를 일으킬 수 있다. 아기를 편안하게 해주고 적절히 자극하고 사랑해줌으로써 유아의 정서적 욕구를 채워주지 못하고 계속해서 무시하거나 소홀히 한 데서 원인을 찾을 수 있다. 또 지나치게 가혹한 벌을 주거나, 적절한 영양을 공급해주지 못하거나, 위험한 환경으로부터 보호해 주지 못할 경우에도 문제가 된다. 아이를 돌보는 양육자가 자주 바뀌는 것도 원인이다. 부모가 아이와 24시간을 함께 있더라도 아이에게 무관심하고 아이를 방치하거나 부모가 유아의 욕구를 인지하는 데 무지하거나 문제가 있을 때도 발생한다.

반응성 애착장애는 부모와 친밀한 관계가 형성되지 않아 아무에게나 강한 애착 반응을 나타내거나 타인과의 접촉을 거부하고, 성장이 지연되는 상태를 말한다. 대표적인 증상은 자연스러운 움직임이 없고, 웃지 않으며, 표정이 멍하고, 무감동하거나 슬퍼보인다. 놀란 상태에서 두리번거리는 표정을 보이며, 자극을 줘도 반응이 느리다. 식욕이 떨어지고 먹지 않아 영양 상태가 좋지 않고 체중 미달이거나 체중 증가가 정상에 비해 느리다. 피부가 창백하며 근육도 약하다.

스피츠 박사는 감옥에서 태어나 길거리에 버려진 아기들이 생활하는 시설기관의 아동 변화 과정을 연구했다. 부모와 헤어진 지 얼마 되지 않았을 때는 얼굴 표정이 밝고 보모와 눈을 잘 맞추고, 잘 웃고,

식사도 잘하던 아기들이 4개월이 지나자 타인과 사회적 상호작용을 보이지 않았다. 보모와 눈을 맞추거나, 소리를 따라하지 않으며, 장난이 없었다. 이별에도 무관심해지고 정상적인 정서와 감정을 보이지 않았다. 환경에 대해 무관심하고 놀이나 장난감에도 별 흥미가 없었다. 늘 표정이 멍하고 눈에 초점이 없으며 장난감 등의 자극에도 반응이 없고 있다 해도 상당히 느리게 반응했다.

우리나라의 경우 영아 중 60~70% 정도가 안정애착인데 시설 아동의 경우 한 보모가 12명 이상의 아동을 돌보므로 가정에서 돌보는 경우보다 보살핌을 제대로 받지 못하게 된다. 스피츠 박사의 연구결과에서 놀라운 것은 시설 아동의 영아 사망률이 이유 없이 높다는 것이다. 오히려 경제적으로 부족한 가정에서 부모의 스킨십을 많이 받으면서 정서적인 애착관계가 형성된 영아의 사망률이 더 낮았다. 이것은 정서적인 돌봄과 어머니와의 애착관계가 매우 중요하며 이는 정서뿐 아니라 신체 발달에도 영향을 미치고 있음을 보여주는 것이다.

'캥거루 프로그램'을 통해 공격적인 아이, 사회성이 부족한 아이가 정서적으로 편안해지는 걸 볼 수 있다. 캥거루 프로그램은 하루에 30분씩 부모가 아이에게 마사지해주며 이야기를 나누는 것이다. 일주일만 꾸준히 해도 아이의 공격성, 적대감은 눈에 띄게 줄어들고 아이의 표정에 웃음이 생겨나는 걸 확인할 수 있다.

아이가 불안해하는 건 하루아침에 생긴 현상은 아니다. 아이와 엄마가 충분한 애착과 신뢰가 형성되지 않았을 경우 분리 불안에 시달리고 자신감이 없거나 위축된 모습을 보이게 된다. 그래서 친구 관계도 잘 맺지 못한다. 부모는 자녀가 영유아기 때 어떻게 보살핌을 받았는지 점검해볼 필요가 있다. 자녀가 갑자기 행동이 위축되고 소극적인 행동을 보이거나 잘 먹지 않는 증상을 보이면 외상 후 스트레스 장애나 반응성 애착장애를 의심해야 한다.

애착은 대물림된다

볼비는 애착 패턴이 대물림된다고 주장했다. 부모가 어린 시절에 비교적 자신에 대한 신뢰감이 높은 사람으로 성장했다면 일반적으로 자녀를 지지해주고, 허용적이며, 자녀의 자율성을 격려하는 부모가 되고, 부모의 내면에 들어 있는 자아상, 자녀상, 세상에 대한 모습도 안전하고 긍정적인 모습일 때가 많다.

부부관계(혹은 연인관계)가 안전한 관계, 회피적 관계, 혼돈적 관계 중 하나에 속한 사람들은 가정에서 부모와 아이의 관계도 부부관계와 유사한 패턴으로 형성되는 경우가 많다. 부부관계가 안전한 관계라면 자녀의 애착 패턴은 안전형이고, 부부관계가 서로를 회피하는 관계이면 자녀의 애착 패턴도 회피형일 가능성이 높으며, 부부간에 좋은 감정과 나쁜 감정이 뒤섞여 있고 좋은 관계와 나쁜 관계가 주기적으로 반복되는 혼돈스러운 부부의 자녀들은 혼논형 애착 패턴을 갖고 있을 가능성이 높다. 한 어머니는 이렇게 말했다.

"어릴 때 제 아버지는 무서운 분이었어요. 자식들을 때리고 욕도 많이 했죠. 그래서 아버지에게서 전혀 사랑을 경험하지 못했죠. 결혼하면 절대로 아버지처럼 되지 않겠다고 마음먹었어요. 그런데 엄마인 지금 어릴 적 아버지에게서 들었던 모욕적인 말을 아이들에게 그대로 쏟아붓고 있는 자신을 발견했어요. 어떻게든 이런 상황을 자제하기 위해 애를 쓰지만 내 의지와 상관없이 입에서 그런 험한 말들이 튀어나와요."

자녀에게 정서적 안정감과 긍정적인 내면상을 심어주기 위해서는 부모가 먼저 긍정적인 사람이 돼야 한다. 만약 부모의 자아상이 부정적이라면 자신의 부모에게 물려받은 부정적인 정서를 치유하고 대물림의 사슬을 끊어야 한다. 부모의 정신건강은 유전자에 의한 유전보다 더 중요하기 때문이다.

불안이 아이의 내부에 잠재해 있으면 공부에 대한 집중력도 약해진다. 뇌가 균형 있는 상태가 되지 못하므로 공부에 쏟아야 할 에너지를 다른 곳에 빼앗기는 것이다. 게다가 학업이 뒤처지게 되면 자신감을 상실할 수도 있고 심리적으로 위축되는 악순환이 되풀이될 수도 있다.

그러나 부모가 아이의 심리 상태를 잘 이해하고 양육 방법을 개선하면 분명히 아이는 좋아진다. 너무 걱정하고 불안해하지 말고 부모가 먼저 자신들의 태도를 점검하고 바꿔나가는 것이 필요하다. 부모는 자녀에게 편안한 사람, 항상 신뢰를 주는 대상이 돼야 한다. 안정애착아가 사회 속에서 대부분의 리더 역할을 하며 성장 후의 뿌리가 애착관계에서 온다는 걸 기억하자.

불안, 우울, 스트레스를 겪는 부모는 자녀와 애착관계 형성에 어려움을 겪는다. 부모가 우울 증상을 겪는 상황이 반복되면 아이에게 과도한 처벌을 주기 쉽기 때문이다. 우울증을 겪는 부모가 아이에게 무리한 처벌을 주면 아이가 지적장애를 가질 수도 있다.

미국 뉴햄프셔 대학 연구 팀은 2~4세 806명, 5~9세 704명의 아이들을 대상으로 연구한 결과, 체벌을 받은 아이들이 체벌을 받지 않는 아이들보다 평균 5점(2~4세)과 2.8점(5~9세)가량 IQ가 낮은 것으로 나타났다고 밝혔다. 특히 부모의 체벌 횟수가 많을수록 아이의 지적 발달은 더욱 느린 것으로 조사됐다. 연구 팀은 체벌이 아이들에게 극도의 스트레스를 주며 이는 외상 후 스트레스장애와 유사한 증상을 불러와 결국 지능지수를 낮게 만든다고 보고했다.

부모와 아이 사이에 건강한 애착관계가 형성되기 위해서는 부모의 우울증을 예방하는 것이 우선이다. 부모가 가진 불안과 스트레스 요인을 제거한 다음 건전한 양육 환경이 만들어져야 아이가 부모를 신뢰하게 된다. 아이에게 모욕감을 주는 발언과 체벌도 피해야 한다. 이는 외상 후 스트레스장애와 반응성 애착장애를 유발하는 대표적인 요인이기 때문이다.

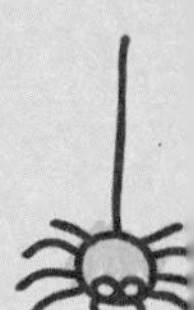

chapter 03

아이 정서를 풍부하게 해주는 말

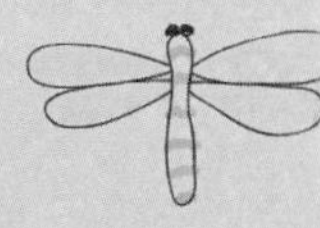

심각한 '자기중심'

갓난아기는 처음 태어났을 때 자폐아처럼 내면세계에 갇혀 있다가 **점점 주위에서 오는 자극을 받아들이면서 '생각하는 힘'이 생겨난다.** 만 2세가 지나 언어를 습득하기 시작하면서 다양한 상징적인 능력이 발달한다. 그러나 유아는 사고가 충분히 성숙되지 않아서 자아중심적인 사고를 한다. 자아중심성이란 아이가 자신 관점(조망)과 타인의 관점(조망)을 구별하지 못하는 걸 말한다. 유아는 자기가 가장 좋아하는 것을 엄마도 가장 좋아할 것이라 믿는다. 아이가 부모나 주변 사람들과 충분히 상호작용하면서 6세 이후가 되면 아이는 서서히 자기중심에서 벗어나 다른 사람의 입장도 이해할 수 있는 능력이 생겨난다.

이를 '조망수용능력'이라 하는데 다른 사람의 입장, 인지, 사고 등을 추론하고 이해하는 공간조망, 감정조망, 인지조망으로 분류된다. 공간조망능력이란 타인의 위치에서 공간적 시각을 추론할 수 있는 능력을 말한다. 감정조방이란 어떤 상황에서 타인의 감정을 추출해서 이해하는 것을 뜻하며, 인지조망은 타인의 사고과정이나 행동의 원인을 추론하고 이해하는 능력을 가리킨다.

만 3세가 지나면 유아는 유치원에 가게 되고 가족을 벗어나 좀 더 큰 집단생활을 시작한다. 유치원에서 또래 친구를 만나고 다양한 사회적 상황에 접하게 되는데 부모는 이 시기의 아이에게 자신을 포함한 다른 사람의 기본 감정과 욕구를 이해하고 이를 존중하면서 자랄 수 있도록 노력을 기울여야 한다. 그렇게 하면 아이는 외적으로는 다른 사람의 흥미와 관심을 이해할 수 있게 되고, 내적으로는 자신을 더 잘 이해하고 수용하게 된다.

또 이 시기의 아이는 사회적으로 중요한 기술과 개념을 배우게 되는데 아이의 타고난 능력뿐 아니라 유아와 성인이 끊임없이 상호작용하고 자극을 받으면서 자연스럽게 형성된다. 아이는 부모, 교사, 친구들과의 상호작용을 통해 사회 인지능력을 키워나간다. 부모는 이 시기 아이가 자기조절을 할 수 있게 생활 속에서 반복적으로 연습할 수 있도록 배려할 필요가 있다. 다른 사람과 바람직한 관계를 유지할 수 있는 능력과 태도를 기르는 것이다. 유치원이라는 집단생활을 통해 타인을 이해하고 존중할 수 있으며 다른 사람의 감정과 생각, 의도, 관점을 이해할 수 있는 감정조망능력과 감정이입능력을 키워가도록 도와줘야 한다. 이 시기는 아이가 앞으로 타인과 더불어 살아갈 기초적인 준비를 하는 때이므로 이 시기를 놓치면 그 이후에 배우는 것이 무척 힘들어질 수 있다.

아이가 다른 사람들과 함께 더불어 살아갈 수 있는 사회적 기술과 규칙을 배우는 것은 이 시기 아이들의 중요한 발달 과업이다. 아이가 타인에게 좋은 사람이 되고 선한 사람이 될 수 있도록 가르치는 것은 빠르면 빠를수록 좋다. 요즘 아이들은 조기 교육 열풍에 휩싸여 학교에 가기 전부터 많은 걸 배운다. 그러나 무엇보다 중요한 교육은 사람과 더불어 살 수 있는 능력을 기르는 것이다. 바로 여기서 조기 교육이 필요하다.

요즘 부모들의 고민 중 하나가 아이의 사회성 부족이다. 친구를 잘 사귀지 못하고 친구와의 갈등을 잘 해결하지 못해 따돌림을 당하거나 친구를 왕따시키는 아이가 늘어나고 있다. 예전에는 가족 수가 많고 형제도 많아 생활 속에서 자연스럽게 사회적인 기술을 습득할 수 있었지만 요즘 같은 핵가족 시대에서는 아이가 사람들과 교류하고 상호작용할 수 있는 기회가 많지 않고 친구와 놀 수 있는 기회도 흔하지 않다. 따라서 집에서 사회적 기술을 습득하지 못한 아이들이 또래집단으로부터 소외, 집단 따돌림, 학교 폭력에 시달리는 부적응 행동이 증가하고 있는 것이다.

부모는 자신의 아이가 친구에게 반감을 불러일으키거나 어떻게 친구를 괴롭히는지, 친구의 반응을 잘 알아차리지 못하거나 감정을 통제하지 못해 또래 관계에서 어려움을 느끼고 있는 건 아닌지 잘 살피고 이끌어줘야 한다. 아이의 어떤 행동이 친구 관계를 어렵게 하는지 자신의 행동을 객관적으로 바라볼 수 있도록 지도해야 하고, 친구의 입장이 돼 감정을 이해하고 공감하는 법을 가르쳐야 한다.

공간조망능력 발달 과정

□ 1단계(4~6세) : 타인도 자신과 같은 관점에서 본다고 생각한다. 유아가 자기중심적 관점에서 벗어나지 못한다.

□ 2단계(6~7세) : 자기중심성을 벗어나기 시작한다.

□ 3단계(7~9세) : 사물의 형태가 보는 위치에 따라 달라진다는 것을 이해한다. 그러나 부분적으로만 추론할 뿐 판단의 오류가 생길 수도 있다.

□ 4단계(9~10세) : 자신의 위치에서 타인의 조망을 정확하게 이해할 수 있다.

좋은 또래 관계를 맺도록 유도하자

아이는 성장하면서 또래 친구나 주위 사람과의 교류를 통해 사회성 발달이 이뤄진다. 유아는 또래 친구들과 상호작용하며 새로운 것을 익힐 기회를 갖게 되는데 또래 관계는 아이가 긍정적인 사회관계를 학습하는 데 필요한 여러 가지 기본적인 기술을 연습할 수 있는 기회가 된다. 또래 관계가 긍정적인가 부정적인가에 따라 친구들에게 환영받고 인기 있는 아이가 되기도 하고, 친구들에게 무시당하거나 거부당하는 아이가 되기도 한다. 또래 친구들 사이에서 인기 있는 아이는 학습 성취도와 자아존중감이 높고 성인이 돼서도 사회생활에 적응을 잘하고 성공적인 대인관계를 맺지만 인기가 없는 아이의 경우는 그 반대가 될 수 있다는 연구결과가 있다. 아이가 또래와의 관계에서 부정적인 상호작용 패턴을 형성하면 나중에는 긍정적인 사회관계가 저해된다는 것을 기억하자.

1. 사람들과 상호작용하는 기술을 가르치자

아이에게 또래 관계가 중요한 이유는 이들과의 상호작용을 통해 스스로 대인 기술을 습득할 수 있기 때문이다. 대인 기술이 또래 친구들보다 부족한 경우는 친구와의 상호작용이 어려우므로 부모가 부족한 기술을 보완하고 터득할 수 있도록 도와줘야 한다. 친구들이 놀고 있을 때 아이가 같이 놀고 싶어 마음대로 끼어들어 친구들의 놀이를 방해하는 경우가 있다. 이때는 기다리면서 친구들이 잠깐 쉬는 틈이나 놀이가 끝나서 다음 놀이를 시작할 때 같이 놀자고 말하도록 가르쳐야 한다. 또 다른 아이가 놀고 있는 장난감을 강제로 빼앗거나 혼자서 독점하지 않도록 가르친다. 장난감은 친구가 다 놀고 난 다음에 자신에게 달라고 부탁하거나 아이 본인이 얼마 동안 장난감을 가지고 놀 것인지 친구에게 말하도록 가르친다.

2. 다른 사람의 감정을 이해할 수 있는 능력을 기르자

최근의 아이들은 인지발달이 충분히 이뤄져 성숙했는데도 자신만 생각하고 다른 사람의 입장은 조금도 배려하지 못하고 행동하는 경우가 많다. 이는 부모의 과보호 속에서 자녀의 요구를 무조건 허용한 결과 아이들이 다른 사람의 입장을 배려하는 걸 배우지 못한 결과다. 아이가 또래 친구들에게 환영받기 위해서는 다른 사람들의 생각과 감정을 이해할 수 있어야 한다는 것을 일러줘야 한다. 이는 인지조망능력과 정서조망능력을 함께 키워가야 한다는 걸 잘 보여주고 있다. 인지조망능력은 함께 게임하면서 상대편 아이가 다음에 어떤 전략을 사용할 것인지 미리 예측하고 추론하는 능력이고, 정서조망능력은 함께 놀던 친구가 실수해서 넘어졌을 때 친구가 아프겠다는 상황을 이해하고 공감할 수 있는 능력이다.

아이가 다른 사람의 감정을 이해하고 배려함으로써 또래 친구에게서 환영받는 아이로 성장하려면 다른 사람의 입장에서 생각할 수 있는 기회를 많이 줘야 한다. 주위에서 마주치게 되는 상황을 무심히 지나치지 말고 엄마가 상황을 아이와 함께 이야기해보자.

가령 길가에 한 아이가 울고 있으면 "저 아이가 왜 울고 있을까? 길을 잃어버렸을까? 아니면 엄마한테 혼이 났을까?" 등으로 질문을 하고 아이가 상대방의 입장에서 생각해볼 수 있도록 기회를 제공하는 것이다. 동화책을 읽을 때도 주인공의 마음이나 상황에 대한 질문을 하면 다른 사람의 생각과 감정을 이해하는 능력을 향상시키는 데 도움을 줄 수 있다.

부모 스스로 솔선수범해서 다른 사람의 생각과 느낌을 이해하는 모범을 보여주는 것도 중요하다. 특히 일상생활에서 부모와 아이가 어떤 상호작용을 하느냐에 따라 조망수용능력 발달에 중요한 역할을 할 수 있다. 아이가 속이 상해 있을 때 모른 척하기보다 아이의 입장을 이해하는 모습을 보여주자. 놀이터에서 친구가 놀이에 끼워주지 않아 속이 상해 울고 있는 아이에게 "그까짓 걸 가지고 뭘 그래? 울지 말고 집에 들어가자."라고 말하는 것보다 **친구들이랑 같이 놀지 못해 너무 속상했구나**라고 말해주면 아이는 지금 자신의 마음이 '속상한' 상태라는 걸 알아차린다. 이때 아이에게 다른 사람의 생각이나 느낌을 비교할 수 있는 기회를 주고 어떤 점이 같고 어떤 점이 다른지를 생각해보고 갈등 상황이 발생했을 때 해결할 수 있는 방법을 아이가 스스로 터득하게 만드는 것이 좋다. 이런 상황에 익숙해지다 보면 아이는 다른 사람과의 갈등을 능숙하게 대처하게 된다. 아이와 부모가 어떤 문제에서 생각이 다르다고 해서 무조건 부모의 의견을 강요하기보다 아이의 의견을 들어보고 스스로 결정하도록 선택권을 준다. 아이의 생각과 다른 사람의 생각이 서로 맞지 않아도 제일 먼저 상대방의 의견을 들어줘야 하며, 또한 자신의 선택에 대해 책임질 수 있는 능력도 길러줘야 한다.

3. 아이가 다양한 연령대의 사람들과 놀게 하자

요즘 아이들은 유치원에서 돌아오자마자 여러 학원을 다니느라 또래 친구들과 함께 놀 기회가 많지 않다. 우리 아이를 또래 친구들에게 환영받는 아이로 키우기 위해서는 또래 친구들이나 다양한 연령층의 아이들과 자연스러운 상황에서 마음껏 놀 수 있도록 해줘야 한다. 아이들은 놀면서 또래 친구나 다른 사람에게 환영받을 수 있는 기술을 습득할 수 있다. 또래 친구들과 어울릴 때는 평등한 입장에서 상호작용함으로써 스스로 필요한 기술을 배우고, 동등한 입장에서 갈등을 해결할 수 있는 능력을 키울 수 있다. 또 자신보다 능력이 조금 더 뛰어나거나 나이가 어린 사람들과 어울리면서도 더 많은 것을 배울 수도 있다. 예전에는 손위 형제자매나 동생, 친척들과 자연스레 어울리며 사회적인 기술을 습득할 수 있었지만 요즘의 부모들은 자신의 아이보다 어린 아이들과 어울리는 것을 원치 않을 뿐 아니라 기가 죽을까 봐 아이보다 나이가 더 많거나 뛰어난 능력을 가진 아이들과 어울리는 것도 원하지 않는 경향이 있다. 아이가 자신보다 더 나은 아이들과 어울림으로써 또래 친구하고만 어울릴 때 보다 더 발전된 사회적 기술을 배울 기회를 가질 수 있고, 동생들과 어울릴 때는 지금 가지고 있는 기술을 연습해 보고 성공할 수 있는 기회를 가질 수 있다. 아이가 다양한 연령대의 친구들과 사귈 수 있도록 폐쇄적인 환경에 가두지 말고 친구를 집으로 데려오게 하거나 친지를 방문하고 나들이할 때도 아이의 친구 가족과 같이 갈 수 있는 기회를 만들어 친구의 형제들과도 자연스레 어울릴 수 있는 기회를 주는 게 좋다.

02

정서 지능 높을수록
학업성취도 높다

유치원에 가는 길에 아이의 친구가 울고 있는 걸 발견했다. 엉엉 소리 내어 우는 친구를 보며 우리 아이는 어떻게 반응할까?

□ "왜 울어? 기분 나쁜 일 있어?" 하고 친구에게 다가간다.

□ "야, 바보야!" 하며 놀린다.

□ 모르는 척하며 지나간다.

위의 세 가지 반응 중에서 어떤 아이가 친구와 사이가 좋고 집단에서 인정받는 아이로 자랄 수 있을까? 첫 번째 아이의 경우처럼 친구의 기분에 관심을 갖고 함께 기분을 느낄 수 있는 아이가 가장 가능성이 높다. 똑똑하고 지능이 우수한 아이가 커서 반드시 사회적으로 훌륭한 삶을 살지는 않는다는 것은 이미 여러 연구 결과에 의해 밝혀졌다. 지능지수가 학업성취도에 기여할 확률은 약 40% 정도이며 사회적 성공에 대한 확률은 10% 정도밖에 되지 않는다. 아무리 지능이 높다 해도 인생의 성공을 보장하지 않으며 사회적인 성공은 다른 요인들에 의해 이뤄진다는 사실이 다양한 심리학적 실험 결과로 증명된 것이다.

1990년에 셀로비와 메이어 교수(Peter Salovey, Jhon Mayer)가 '정서 지능(Emotional Intelligence)'이라는 용어를 소개했다. 정서 지능이란 " 자신과 타인의 정서를 평가하고 표현할 줄 아는 능력, 자신과 타인의 정서를 효과적으로 조절할 줄 아는 능력, 그리고 자신의 삶을 계획하고 성취하기 위해 그런 정서를 활용할 줄 아는 능력"으로 정의했다.

정서 지능은 곧 감정정보처리능력이며, 자신과 다른 사람들의 감정을 정확히 지각하고 인식해서 적절히 표현하는 능력, 삶을 향상시키는 방법으로 자신과 타인의 감정을 적합하게 조정하는 능력, 동기를 부여하고 계획을 수립하고 목표를 성취하기 위해 감정을 이용해 자신의 행동을 이끄는 능력이다. 중요한 것은 자신과 다른 사람의 감정을 잘 인식하고 지혜롭게 다룰 줄 아는 능력 유무에 따라 학업 성적뿐 아니라 인생의 성공 여부가 결정된다는 사실이다.

20세기가 급격한 산업화에 의해 경쟁 사고방식에 근거한 양적 팽창의 시대였다면 우리 아이들은 앞으로 협력의 시대를 살아가게 될 것이다. 혼자 똑똑해 남보다 앞서가기보다는 타인과 협력하고 공동체의 행복을 추구할 수 있는 사람이 성공할 것이다. 아이에게 혼자 가는 것보다 여럿이 함께 사회와 집단 전체의 행복을 추구하는 것이 결국 자신과 사회의 이익에 보탬이 된다는 인식을 심어줘야 한다. 정서 지능이 부족하면 우수한 두뇌를 가지고 있어도 인생에서 성공과 행복을 성취하기 어렵다. 아이들의 성공과 행복은 정서 지능의 개발에 달려 있다. 바로 우리 아이들이 살아갈 미래는 정서 지능의 시대인 것이다.

정서 지능을 키우려면

정서적인 기술은 부모와 아이의 관계가 원만한 가정에서 시작된다. 부모는 아이가 자신의 정서를 파악하고 적절하게 표현하도록 유도하고, 자신의 감정을 존중할 수 있도록 해야 한다. 나아가 자신의 감정을 가정 이외의 다른 사회 상황에도 연관시켜 볼 수 있도록 도와줄 필요가 있다. IQ(Intelligent Quotient)가 지적으로 우수하고 똑똑한 아이를 나타내는 지표라면 EQ(Emotional Quotient)는 긍정적인 자아 개념, 남들과 교감할 수 있는 능력, 대인관계를 원만하게 이끄는 능력을 의미한다. 감정과 느낌을 조절할 수 있는 아이들은 정감이 있고 신뢰할 수 있는 행동을 많이 하며 친구들과 잘 사귀는 편이다. EQ는 0~5세 정도에 거의 형성된다. 5세까지 뇌의 정서를 관장하는 변연계가 발달하기 때문에 어릴 적 주변 환경에 따라 아이의 EQ가 높을 수도 낮을 수도 있다. 부모가 항상 사랑으로 따뜻하게 보살핀 아이는 커서도 자긍심이 높고 희망적인 아이가 되지만 사랑 없이 불안정하게 자란 아이는 자라서도 정서가 불안정해지기 쉽다. 따라서 아이에게 꾸준한 관심과 다양한 자극을 주는 것이 무엇보다 중요하다.

아이가 울음이나 미소로 의사 표시를 할 때 부모가 항상 긍정적인 자세로 대함으로써 아이는 세상에 대한 신뢰감과 애착을 가지며 EQ가 높은 사람으로 성장하게 된다. EQ가 높은 아이들은 사회성 능력(Social Quotient)이 높다. SQ는 사회생활 속에서 다른 사람들과 얼마나 잘 어울릴 수 있는지, 사회적응력을 나타내는 수치다. SQ는 알고 느끼는 것을 사회 속에서 적용하고 이용하는 능력을 말한다. SQ는 선천적인 것보다는 후천적인 요소가 많기 때문에 또래 친구와 어울리는 3, 4세부터 만들어나가는 것이 중요하다. 사회성이 높은 아이는 적응력이 높으며 자신의 재능을 알맞게 실생활에 투자하고 개발할 수 있다. 또한 사회가 요구하는 대인관계와 상황에 대한 올바른 판단과 적응력, 실천력 등을 갖춘 사회적인 인간으로 성장할 수 있다.

1. 자신의 감정 상태를 알게 하자

자신과 다른 사람의 기분이나 감정을 잘 알아차릴 수 있는 능력을 정서인식능력이라고 한다. 엄마가 피곤해서 잠시 누워 있을 때 아이가 다가와서 "엄마, 피곤해요? 엄마가 쉴 동안 내가 조용히 할게요"라고 말해준다면 엄마는 아이에게 이해받는 느낌이 들어 무척 행복할 것이다. 어떤 아이는 엄마가 피곤하든 말든 고집을 부리고 엄마를 힘들게 하는 경우도 있다. 타인의 상태를 잘 알아차리고 다른 사람이 힘들어할 때 도우려는 태도를 보이고 눈치 있게 행동하는 아이는 정서인식능력이 높은 아이다. 부모가 아이의 정서인식능력을 키워주려면 어떻게 소통해야 할까? 가령 아이가 밥 먹을 때가 됐는데도 "밥 먹기 싫어"라고 말한다면 부모는 어떻게 반응을 할까?

"밥 먹기 싫다고? 그럼 먹지 마! 이따 배고프다고 하기만 해. 지금 안 먹으면 나중에는 못 먹어."

이렇게 냉담하게 반응해버리면 아이의 정서인식능력은 키울 수 없다. 아이의 상태를 알아차리는 부모는 **"지금 밥이 먹고 싶지 않구나.**

기분 나쁜 일이 있었니?"라고 아이의 감정을 읽어주려는 노력을 한다. 그렇게 하면 아이는 자신의 감정 상태를 표현할 수 있게 되고 자신의 감정을 알 수 있는 능력이 키워진다. 아이가 뿌로통해 있을 때 "왜 또 그러니?" "무슨 일이 있었어? 빨리 말해"라고 다그치기보다는 **"너 지금 기분이 안 좋구나. 우울해보이는데"**라고 말해서 아이가 자신의 기분을 알아차리도록 도움을 주자. 엄마도 자신의 기분이나 상태를 아이에게 말해주면 엄마를 배려하는 마음이 길러진다. 아이에게 화를 잘 내는 부모에게 "왜 화를 자주 내느냐?"고 물어보면 자신이 화를 잘 낸다는 사실을 인식하지 못하는 경우가 많다. 자신의 감정을 인식하는 능력은 자신을 이해하는 데 있어서 반드시 필요한 능력이다. 자신의 진실한 감정을 인지하지 못하는 사람은 감정의 노예가 돼버리거나 감정에 압도돼 매 순간 화를 내거나 신경질적인 반응을 보인다. 화가 나는 근원적인 감정을 알아차리지 못하는 부모는 무조건 "힘들어" "짜증나"라는 말만 되풀이한다. 아이에게 정서인식 능력을 키워주고 싶다면 부모가 먼저 자신의 감정을 알아차리는 연습을 꾸준히 해야 한다. 아이가 엄마와 놀고 싶어 할 때 엄마가 몸이 피곤해서 함께 놀기가 어렵다면 "저리 가. 조용히 좀 해"라고 말해서는 안 된다. 이런 말을 듣는 아이는 자신이 거부당하거나 거절당한다고 느끼며 엄마의 기분을 이해할 수도 없다. 이때 엄마가 자신의 상태를 잘 파악해서 말하자.

이렇게 말해주면 아이는 엄마의 감정 상태를 잘 알아차릴 수 있다. 일곱 살 한솔이는 엄마가 방에 누워 있자 엄마의 기분을 좋게 해주고 싶어서 거실에 있는 피아노를 치기 시작했다. 엄마는 평소에 딸이 피아노 치는 것을 무척 좋아했기 때문에 한솔이는 엄마에게 들려주고 싶은 곡을 연주한 것이다. 엄마가 좋아하는 곡을 들으면 엄마가 기운을 차려서 일어날 것이라고 생각했다. 그런데 한솔이가 연주하는 곡을 들은 엄마는 전혀 예상 밖의 반응을 보였다. "시끄러워. 조용히 못해! 넌 왜 시키지도 않는 짓을 하니?"라고 쏘아붙였다. 엄마를 위로해주려는 자신의 행동이 엄마에게 거부당하자 한솔이는 잔뜩 위축됐고 그날 이후 피아노 치는 걸 거부했다. 엄마를 배려하려는 한솔이의 마음을 이해했다면 **"우리 한솔이가 엄마 기분 좋게 해주려고 피아노를 쳐 주네. 네 피아노 소리를 들으니까 엄마가 힘이 나"**라고 말해주었을 것이다. 엄마가 아이의 기분을 잘 파악하게 되면 아이 역시 타인의 기분을 인식하는 능력이 높아진다.

2. 감정을 잘 표현하게 하자

예부터 사람들은 자신의 느낌을 솔직하게 표현하는 걸 좋지 않게 생각해왔다. 자칫 감정을 숨김없이 나타냈다가 상대의 노여움을 사서 불이익이 올 수도 있고, 나의 마음을 드러내는 것이 경박하게 보일 것 같아서다. 그래서 감정을 겉으로 나타내지 않는 것을 점잖은 것으로 생각해왔다. 그러나 현대는 이질적인 사람들이 섞여 살 수밖에 없는 글로벌화 된 세상이다. 다양한 집단이 함께하다 보면 갈등의 종류 또한 많아지고 복잡해질 수밖에 없다. 마음을 표현하지 않아서 오해와 갈등이 증폭된다면 가정, 직장 등 인간관계에서 많은 상처를 경험하게 된다. 이것이 반복되면 삶의 활력도 떨어진다. 내 감정을 잘 들여다보고 그것을 긍정적으로 표현함으로써 인간관계에서 겪는 다양한 갈등을 해결해나갈 수 있어야 한다. 이렇게 하려면 무엇보다 감정을 표현하는 것이 소통에서 무척 중요하다. 미래를 살아갈 아이들이 자신의 감정을 잘 다루고 그것을 적절하게 표현할 수 있는 능력을 키워야 한다.

감정을 표현하지 않는다고 해서 감정이 없는 건 아니다. 자신의 감정을 적절하게 표현하지 않고 억압하게 되면 나쁜 감정이 쌓여 감정 폭발로 나타나기 쉽다. 자신이 속상한지, 기분이 좋은지를 인식하고 상황에 맞게 적절하게 감정을 표현하고 해소할 수 있어야 정서적으로 건강한 사람이 될 수 있다. 형이 동생을 괴롭힐 때 부모는 어떻게 반응하는지 알아보자.

"동생을 왜 괴롭혀? 그러면 못써!"

이렇게 말하면 아이는 부모에게 반감을 갖거나 자신만 미워한다고 생각할 것이다. 이때 부모의 감정을 적절하게 표현해주면 아이의 감정표현능력이 높아진다. **"엄마는 네가 동생 괴롭히는 걸 보면 동생이 아플까봐 걱정돼"**라고 걱정과 염려의 마음을 표현해보자. 평소에 부모가 아이에게 감정을 잘 표현하고 있는지 되돌아보자. 감정 표현이 서툰 부모는 아이의 감정표현능력을 키워줄 수 없다. 상황에 맞게 자신의 감정을 적절하게 표현할 줄 아는 아이가 성인이 돼 사회에서 리더 역할을 할 수 있다. 아이의 친구가 다른 아이에게 놀림을 받아 혼자 울고 있을 때 그 친구에게 다가가서 **"속상하지. 나랑 같이 놀까?"**라고 말할 수 있는 아이는 친구 사이에서 인기 있는 아이가 되고 집단에서 필요로 하는 아이로 성장해나간다. 아이와 하루 동안 있었던 일을 이야기하며 기분이 어땠는지를 묻고 답하면 감정표현능력이 높아진다. 또 특별한 일이 있는 날이나 좋은 일이든 나쁜 일이든 간에 당시의 기분을 생생하게 느끼고 표현하는 시간 갖기를 일상화하면 아이는 감정 표현을 어색해하거나 두려워하지 않는다.

3. 감정이입능력을 키우자

감정이입은 다른 사람의 감정을 똑같이 느끼고 공감하는 것으로 타인의 입장을 이해하는 역지사지의 마음이다. 어린아이도 감정이입능력이 있다. 한 아기가 울면 옆에 있던 아기들도 따라서 울거나 입을 삐죽이며 기분이 우울해지는 것을 관찰할 수 있다. 감정이입은 감성적 자기 인식이 있어야 구축될 수 있는 능력으로 '인간관계능력'의 근본이 된다. 감정이입형 인간은 타인이 무엇을 원하는가를 파악할 수 있을 정도로 매우 민감하다. 상대에게 집중해 말로 표현되지 않은 생각과 감정까지도 알아차리려고 한다.

감정이입능력이 낮은 사람은 타인에게 해가 되는 행동을 서슴지 않고 심할 경우 범죄자가 되기도 한다. 반면에 감정이입능력이 높은 사람은 타인을 괴롭히거나 상처주는 일을 삼가기 때문에 도덕성이 높고 양심적이다.

친구를 괴롭히거나 왕따시키는 아이에게 "너는 왜 친구를 괴롭히니?"라고 물었을 때 아이는 "뭐 어때요? 재미있잖아요"라고 말한다. 최근 큰 아이들이 동네에서 놀고 있는 어린아이 뒤에서 느닷없이 엉덩이를 차서 어린아이를 넘어뜨리고 도망가는 동영상이 화제가 됐다. 자신보다 어린아이들을 괴롭히며 즐거워하는 아이들의 경우 가정에서 부모와 함께하는 시간이 적고 부모와 정서 교류가 빈곤한 경우가 많다. 무엇보다 이런 아이들은 자신의 정서뿐 아니라 타인의 정서를 이해하는 능력도 약하다. 친구가 괴롭힘을 당하면 속상하고 가슴이 아프다는 걸 공감하지 않기 때문에 폭력적인 행동도 서슴지 않는 것이다.

어렵고 힘든 사람과 함께 나누는 경험이 많은 아이는 도덕성이나 공감능력이 커진다. 아이와의 소꿉놀이를 통해 입장을 바꿔 역할놀이를 해보면서 타인의 입장을 이해하는 능력을 키울 수 있다.

"주인공의 느낌은 어떨까?"
"네가 주인공이라면 어떻게 하겠니?"
"너라면 어떤 방법으로 해결할까?"

또한 책을 함께 읽어줄 때도 아이가 타인의 감정을 공감하는 능력을 키워줄 수 있다.

4. 감정을 조절하는 능력을 키우자

유치원에서 선생님이 내준 과제를 잘 수행해 아이가 선생님께 칭찬을 받았지만 나머지 친구들은 과제 수행을 잘 못해서 꾸중을 들었다면 아이는 어떻게 반응할까? 어떤 아이는 친구의 속상한 기분을 배려해 자신의 기쁜 마음을 조절하는 아이도 있고, 친구의 기분과는 상관없이 자신의 기분을 맘껏 표현하거나 친구를 놀리는 아이도 있다. 친구가 자신의 기분을 상하게 하거나 섭섭하게 했을 때 그 자리에서 감정을 폭발하고 공격적인 행동을 하는 아이도 있고, 자신의 감정을 다스리고 나서 친구에게 다가가 조용하게 말로 자신의 감정을 표현하는 아이도 있다.

감정을 잘 조절하는 아이는 즉각적으로 화를 폭발하지 않고 잠시 생각한 다음 행동을 선택한다. 아이의 감정조절능력을 높여주려면 부모가 감정 폭발을 자제하고 감정을 통제하는 모습을 보여줘야 한다. 어떤 아이는 친구와 놀다가 자신의 뜻대로 되지 않으면 그 자리에서 친구를 밀치고 놀던 장난감을 다 부수고 휘저어버리는 경우가 있다. 아이가 그렇게 하는 데는 부모의 영향이 크다. 아이가 부모의 말을 잘 듣지 않을 때 엄마는 아이에게 욕을 하거나 때리는 등 심한 감정 폭발을 한 것이다. 아이의 거친 행동은 바로 이런 뜻이다.

'우리 엄마는 만날 화만 내요.'

아이 때문에 속상할 때 부모는 자신의 감정을 들여다보고 화를 떨어뜨리는 훈련을 해야 한다. 화가 날 때 화를 다루는 전략을 가지고 있으면 더욱 좋다. 천천히 숫자를 세거나 시원한 물을 마시거나 산책, 명상, 독서 등으로 자신의 화를 다룰 수 있어야 한다. 아이에게 폭언을 쏟아부으며 "똑바로 해!" "맞아야 말을 들을래?" 등으로 위협하기보다 자신의 감정을 객관적으로 들여다본 후 "엄마는 답답해" "속상해" 등의 말로 화를 다른 방법으로 표현해보자.

5. 정서로 자신을 격려하고 동기화한다

목표 달성을 위해 자신의 감정을 잘 정리해나가면서 주의 집중과 동기부여, 자기극복, 창의성이 증가하는 능력을 정서활용능력이라 한다. 순간의 희열을 잠시 멈추고 충동을 억제하는 자기감정의 통제, 끈기와 낙관적인 태도, 자신감 등이 정서활용능력에 속한다. 이런 능력이 개발된 아이는 어떤 일에서도 의욕적이고 실패해도 결코 낙담하지 않는다. 따라서 아이가 실패를 해도 긍정적인 태도를 잃지 않고 목표를 향해 꾸준하게 노력해나갈 수 있는 능력을 키워줘야 한다.

정서활용능력은 충동억제능력과도 밀접한 관계가 있다. 월터 미셸(Walter Mischel)은 스탠퍼드 대학 부설유치원에 다니는 5세 아동들을 대상으로 아이들이 고등학교를 졸업할 때까지 관찰하며 연구했다. 5세 아동들에게 아이들이 좋아하는 과자를 먹고 싶으면 당장 먹어도 좋지만, 만약 15~20분 정도 선생님이 밖에 다녀올 때까지 참고 있으면 맛있는 과자를 두 개 준다고 약속했다. 그 후 약속을 지킨 아이들(사려 집단)과 약속을 지키지 못한 아이들(충동 집단)이 고등학교 졸업 반이 됐을 때 비교한 결과 사려 집단은 학교에 잘 적응하고, 인기와 자신감, 믿음성이 있으며 수능시험 점수도 높고 좋은 인간관계를 맺고 있으며, 리더십을 발휘해 좋은 성품을 갖고 있는 것으로 드러났다. 반면 충동 집단은 교우관계도 부족하고 쉽게 좌절하며 고집이 세고 성취 의욕도 낮아 불안한 정서를 확인할 수 있었다. 정서능력은

아이가 어릴 때나 청년이 돼도 크게 변함이 없으며 정서능력의 차이
가 평생을 좌우한다는 사실이 실험 결과에서 나타난 것이다.

정서 지능은 타고난 성향보다 환경의 영향을 많이 받는다. 교육
학자들은 친구들과 잘 어울려 놀지 못하는 아이가 학교를 중퇴할 확
률이 평균보다 8배나 높다는 사실을 지적하며 유아기부터 정서 지
능을 키우는 교육을 권하고 있다. 아이가 행복한 삶을 살아가기 위
해 필요한 정서능력을 키워주려면 부모부터 먼저 자신의 감성능력
을 높여야 한다.

듣는 엄마, 말하는 아이

아이의 능력을 길러주고, 책임과 권한을 줘 자발적으로 하고 싶은 의욕을 북돋워주기 위해서는 부모가 아이를 설득하고 명령하기에 앞서 아이의 말을 귀담아듣고 아이의 마음을 받아들일 준비가 돼 있는지 알아야 한다. 만일 이런 마음의 자세가 돼 있지 않다면 아이와 부모의 대화는 부모의 일방적인 설득이나 설교로 끝나게 된다. 아이를 움직이는 가장 중요한 힘은 부모의 일방적인 명령이 아니라 아이의 말을 들어줌으로써 아이 스스로 행동을 바꿀 수 있도록 도와주는 것이다. 아이의 주도성과 자발성을 키워주고 아이 스스로 문제를 해결하도록 하려면 부모는 아이의 말을 듣는 방법부터 연습해야 한다. 아이의 말을 듣는다는 것은 부모가 아이에게 원하는 것을 얻기 위한 것이 아니라 아이를 좀 더 깊게 이해하고 아이의 판단력을 높여줘 자신 있는 행동을 선택하도록 도와주는 것을 말한다. 다음 대화를 살펴보자.

> 아이: 엄마가 내 준 숙제가 너무 많아요. 엄마가 하라는 대로 할 수가 없어요.
>
> 엄마: 넌 불평만 하는구나. 해볼 생각은 않고 못하겠다고만 말하면 안되지.
>
> 아이: 너무 힘들단 말이에요. 팔도 아프고 앉아 있기 힘들어요.
>
> 엄마: 어쨌든 이 숙제는 오늘까지 끝내야 해.
>
> 아이: 그럼, 숙제를 다 끝내면 놀 수 있어요?
>
> 엄마: 넌 놀 생각부터 하는구나. 우선 숙제부터 끝내.

그렇다면 같은 상황이지만 다음과 같은 대화는 어떨까?

> 아이: 엄마가 내 준 숙제가 너무 많아요. 엄마가 하라는 대로 할 수가 없어요.
>
> 엄마: 그래? 네가 혼자 하기에는 어렵겠구나.
>
> 아이: 네. 양이 너무 많아서 힘들어요.

엄마: 그럼. 양을 줄이면 할 수 있겠니?

아이: 네.

엄마: 어느 정도면 적당하겠니?

아이: 절반만 하고 싶어요.

엄마: 그러자.

아이: 이거 다 끝내면 놀 수 있어요?

엄마: 그럼. 열심히 공부했으니까 신나게 놀아야지.

두 대화에서 보듯이 똑같은 상황에서 아이와 엄마가 나누는 대화는 전혀 다르다. 첫 번째 대화에서 엄마는 아이의 의사를 무시하고 자신의 뜻대로 아이를 조종하려는 강압적인 태도를 취하고 있다. 그러나 두 번째 대화에서 엄마는 아이가 말하는 내용을 들으며 아이의 내면에서 느끼는 의미와 감정에 귀를 기울이고, 아이의 마음에 적절하게 반응함으로써 아이가 스스로 의사 결정을 하도록 도와주고 있다. 두 번째 대화 방법이 바로 아이의 말을 적극적으로 듣는 방법이다. 이렇게 함으로써 아이는 주도성과 자발성, 스스로 문제를 해결하는 능력을 키워나갈 수 있다.

아이 말을 들을 때는 듣는 마음이 더 중요하다

아이의 마음을 적극적으로 듣는 방법은 아이의 입장에서 아이의 생각이나 감정을 이해하기 위해 마음을 기울이고 집중해서 듣는 것이다. 아이가 말하는 이야기 내면에 있는 마음을 이해하기 위해서는 부모는 최대한 집중해서 들어야 한다. 그렇게 하지 않고 단순하게 아이가 하는 말의 표면만 듣는다면 아이는 더 이상 자신의 마음을 솔직하게 털어놓지 않게 된다. 그렇다고 아이에게 무조건 친절하거나 칭찬 일변도로 대화를 해도 부모의 마음이 전달되지 않을 수도 있다.

"엄마는 너를 사랑해."

이렇게 말해도 부모의 진심이 담겨 있지 않으면 아이는 부모의 마음을 받아들이기 어렵다. 마음속에 아이를 무시하는 마음이나 소홀함이 담겨 있지 않고 아이를 존중하고 사랑하는 마음을 품고 있다면 그대로 진심이 전달된다. 비록 아이가 부모의 생각과 다른 말을 하더라도 아이가 그렇게 생각할 만한 충분한 이유가 있다는 사실을 받아들이자. '그럴 만해' '그럴 수 있어'라고 받아들이면서 아이를 자신과 동등한 인격체로 존중해야 한다. 무엇보다 아이의 마음을 공감하기 위해서는 아이가 하는 말을 비판하거나 평가하기에 앞서 먼저 아이의 마음을 수용하는 자세가 필요하다. 아이의 말을 듣는다는 것은 결코 수동적인 행위가 아니다. 부모가 아이의 말을 적극적으로 들어주는 것은 아이의 내면 변화에 중대한 영향을 끼치고 아이가 성숙하는 데 도움을 준다. 아이의 말을 경청하는 것은 바로 이런 의미다.

아이는 부모가 자신의 이야기를 귀담아들어주고 소중하게 여겨주면 더욱더 적극적으로 생각을 표현하려고 한다. 부모가 들어주기 때문에 비판받거나 무시당하는 위험성이 없어 솔직하게 표현할 수 있고 자신이 말하는 것이 무척 가치 있고 소중하다고 느낀다. 이렇게 적극적으로 아이의 말을 들어줌으로써 부모와 아이 모두 내면의 변화를 경험하고 인간적으로 성숙하게 된다. 아이 역시 달라진 부모를 느낄 뿐 아니라 사물을 바라보는 태도에도 변화가 생긴다. 아이의 말을 비판 없이 들어주면 제일 먼저 방어적인 태도가 사라진다. 부모 역시 아이의 말을 들어준다는 것은 아이의 생각을 조종하는 게 아니라 아이 스스로 문제를 해결할 수 있도록 도와주는 셈이 된다. 다만 주의해야 할 것은 무리하게 아이를 변화시키려는 의도를 버려야 한다는 것이다. 가령 외출에서 돌아온 아이에게 "옷 벗고 씻자"라고 했는데도 아이가 소파에 드러누운 채 꼼짝하지 않는다면 엄마는 **"지**

금 피곤해서 씻기 싫구나"라고 말할 수 있다. 그러나 마음이 다급해서 "피곤해도 지금 씻어야 해. 안 그러면 나쁜 병에 걸릴지 몰라" 하고 아이에게 즉각적인 행동을 요구하면 아이는 더욱 씻는 게 싫어지고 엄마를 미워할 수 있다. 이때 아이의 상태를 이해해주고 "10분 쉬고 나서 씻자" 하고 말하고 잠시 물러나 기다려주는 지혜가 필요하다.

04

How can you listen to kid?

부모는 아이와 대화할 때 **자신의 주장이나 생각에 의해 아이의 행동을 바꾸려고 한다.** 그래서 아이에게 부탁하거나 설득하거나 강압적으로 요구하거나 화를 내는 방법 등을 사용한다. 이런 시도들은 아이의 생각을 의도적으로 바꿔서 부모가 바라는 방향으로 이끌어가는 것이다. 이렇게 함으로써 부모는 부지불식간에 아이의 모든 것을 자신의 방식으로 지배하는 것이다. 하지만 아이가 고집을 부리거나 방어적인 태도를 버리고 부모의 생각을 받아들이게 하려면 먼저 '아이의 생각을 바꿔놓아야 한다'는 욕구부터 버려야 한다. 아이들의 대부분은 강압적이거나 통제적인 상황에서는 오히려 반발하거나 고집을 부리

기 쉽다. 아이를 비판하고 지적하거나 부모의 뜻대로 다뤄보려는 태
도나 가르침 역시 변화를 이끌어내지 못한다. 아이가 부모의 생각대
로 움직여주길 바란다면 아이 역시 부모가 자신의 생각대로 움직여
주기를 바란다. 부모는 '관용'과 '이해'라는 분위기에서 아이가 자신
의 감정을 표현하도록 도와야 한다. 만약 아이의 행동이 부모의 기대
에 미치지 못하더라도 "그 따위로 하려면 그만 둬"라고 말하기보다 "
좀 더 열심히 했으면 좋겠다"라는 말로 아이의 반항과 저항 대신 부
모의 마음이 아이에게 잘 전달되도록 해야 할 것이다.

충고할 때 주의하자

아이가 공부하는 걸 힘들어한다고 해서 이런 말을 해서는 안된다.

"훌륭한 사람이 되려면 그 정도는 참고 이겨내야 한다."

아무리 충고한다고 해도 아이의 인내심이 강해지는 건 아니다.
"너는 할 일을 미루기만 하고 게으름만 피운다"라고 지적한다고 해
서 아이가 할 일을 제때 하는 건 아니다. 게다가 "걱정하지 마. 다 잘

될 거야"라는 위로의 말도 아이의 고민을 덜어주거나 도움을 주지는 못한다. 부모가 아이의 말을 들을 때는 아이가 말하고 있는 사실에 초점을 맞춰들어서는 안 된다. 아이의 말 가운데 진정한 의미와 기분이 깔려 있다. 그 의미와 기분을 모두 알 수 있어야 아이의 말을 제대로 들은 것이다.

재민이는 콩을 싫어한다. 하지만 엄마는 끼니마다 밥에 콩을 듬뿍 넣어 재민이가 싫어하는 콩밥을 억지로 먹게 한다. 그런 재민이가 더 이상 밥을 먹으려 하지 않자 엄마는 재민이에게 밥을 떠먹이기 시작했다. 그러자 재민이는 이렇게 말했다.

재민: 엄마 팔을 잘라버리고 싶어.
엄마: 어디서 그렇게 끔찍한 말을 배웠어? 나쁜 말 하면 안 돼. 그
　　　런 말, 또 할 거야 안 할 거야? 또 그런 말 하면 쫓아낸다.

엄마는 막상 재민이를 혼내긴 했지만 정작 재민이의 행동을 어떻게 해야 할지 몰라 난감했다. 재민이가 엄마 팔을 자르고 싶다고 표현한 이유는 자신이 먹고 싶지 않은 콩을 억지로 먹이는 엄마에 대한 반항심이다. '아이의 마음 읽기'가 먼저 앞서야 좋은 말, 긍정적인 마음을 가르칠 수 있다.

재민: 네.

재민: 네.

재민: 알겠어요.

이것이 아이가 하는 말의 내용뿐 아니라 마음속까지 들어야 하는 이유다. 아이의 부정적인 행동을 나무라기 전에 부모가 아이의 마음 읽기부터 먼저 하고 나면 아이에게 올바른 행동을 가르치기 쉽다. 아이가 "엄마, 밥 다 먹었어요"라고 말할 때도 "알았어"라고 건조하게 대답하지 말고 **"한 그릇을 다 먹었네. 몸짱 되겠는걸"** 하고 반응해주면 아이는 부모의 인정 때문에 기분이 좋아진다. 때에 따라서는 아이의 말보다 그 안에 담긴 감정이 더 중요할 때도 있다. 아이가 장난감을 가지고 놀다가 장난감을 던지며 "이거 다 부숴버릴 거야!"라고 말할 때 "장난감을 부수다니? 그러면 안 되지"라는 반응은 아이를 더욱 답답하게 만들 뿐이다.

"마음대로 안 되는 게 있는 모양이구나. 많이 속상해?"

아이의 말을 적극적으로 들으려면 말보다 감정을 들어야 한다. 아이가 말하는 어투, 표정의 변화, 자세, 손놀림, 눈동자의 움직임 등 아이의 기분을 나타내는 모든 것에 집중해야 하고 아이가 전혀 말을 하지 않는다면 말을 하지 않는 이유를 들을 수 있어야 한다. 또 아이가 하는 말의 의미를 이해하고 적절히 반응하는 것도 무척 중요하다. 아이의 이야기를 아이의 입장에서 이해한다는 것은 어려운 일이다. 아무리 아이를 잘 이해해도 부모는 자신의 생각과 입장이 있기 때문이다. 따라서 아이의 입장을 이해하기 위해서는 대화 도중에 부모가 이해한 내용을 반복해서 표현함으로써 아이의 의도를 정확하게 이해하고 있는지 확인하는 과정도 필요하다.

아이: 유치원에 가기 싫어!
엄마: 유치원에 가기 싫다고? 아침에 일어나기 힘든가 보네.

아이의 이야기를 부모가 다른 말로 다시 표현할 때 아이가 이를 인정하면 부모가 아이의 말을 이해한 것으로 볼 수 있다. 이때 아이가 말한 것을 앵무새처럼 반복해서는 안 된다. 아이가 "나 집 나갈 거야!"라고 말할 때 "집을 나가고 싶구나"라는 반응은 단순히 아이의 말만 반복하는 것이다. 아이의 말을 단순하게 기억한 것이지 이해한 것은 아니다. 이때 **"엄마에게 섭섭한 게 있어?"** 또는 **"마음이 답답하니?"** 라고 반응해줌으로써 집을 나가고 싶다는 말이 무엇을 의미하는지 부모가 다른 말로 바꿔서 표현해주면 아이는 이해받는 느낌이 든다. 아이의 표현을 아이가 만족할 만큼 부모의 말로 정확하게 다시 표현할 수 없다면 부모의 말을 하는 것도 위험하다. 아이가 집을 나가고 싶을 정도로 섭섭하거나 답답한 마음을 충분히 이해해주지 못하면서 "집을 나가면 위험해" "그런 생각은 하는 게 아냐"라고 말한다면 소통에 장애가 생겨 아이도 부모의 말을 제대로 이해하지 못한다.

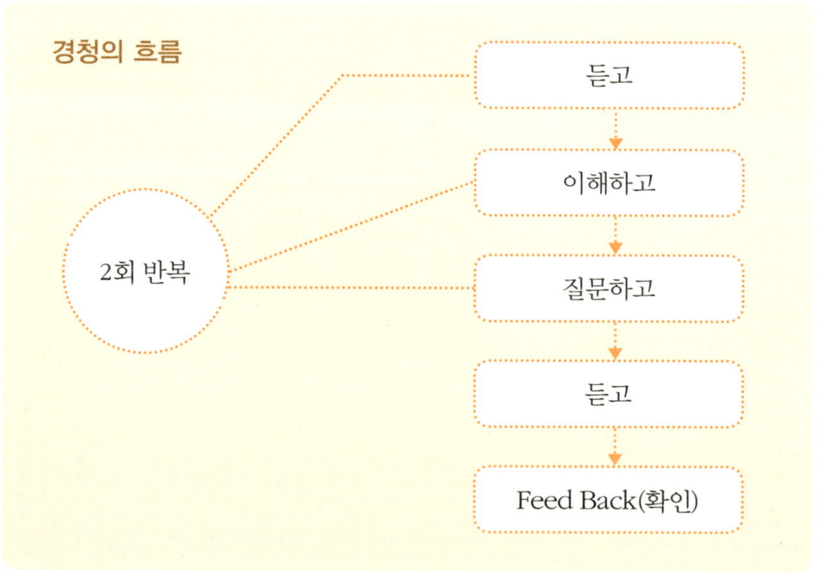

아이의 이야기를 듣고 곧바로 반론하지 않고 아이가 하는 말의 의미를 포착해 그것을 부모의 표현으로 바꿔 이야기해보고, 아이가 그 말을 이해하고 있는지 확인한 다음, 부모가 말하고 싶은 것을 이야기한다면 아이도 부모의 말에 주의를 기울이고 의사소통도 잘할 수 있다. 부모와 아이가 서로 마음을 이해하려는 분위기는 소중한 경험이다. 비록 자신과 다른 의견을 가졌다 하더라도 아이는 적어도 자신의 말을 귀담아들어주고 소중하게 여기는 사람에게는 적대감을 갖지 않는다.

마음의 태도를 바꿔야 들을 수 있다

아이와 소통을 잘하기 위해서는 많은 연습이 필요하다. 이때 가장 중요한 것이 태도를 바꾸는 것이다. 태도를 바꾼다는 것은 하루아침에 되는 일이 아니다. 우리의 전통 문화는 대화의 문화가 아니었다. 우리의 부모는 어른의 권위에 복종하고 순종하는 문화에서 성장했기 때문에 부모와 자녀가 서로 마음을 나누고 소통하는 과정을 배우지 못했다. 그러나 지금은 권위적인 부모보다 아이와 친밀한 부모가 좋은 부모상의 기준이 되고 있는 시대다. 아이의 말을 귀 기울여 듣는다 해도 건성으로 듣는다면 아이는 금방 부모의 태도를 알아차린다. 아이는 부모의 마음을 귀신처럼 꿰뚫어볼 수 있는 능력을 가지고 있다. 부모가 겉치레로 자신의 말을 듣고 있다는 느낌이 들면 더 이상 마음을 열지 않는다. 흔히 우리는 기대에 어긋나거나 때와 장소에 맞지 않는 행동을 하는 아이들을 보면 이해하고픈 마음이 사라진다. 부적절하고 이상한 행동을 하는 아이를 문제아로 단정하기보다는 그렇게 할 수밖에 없는 이유가 있을 것이라고 생각하는 태도가 중요하다. 늘 자신의 아이를 사랑한다고 말하지만 늘 일관되게 사랑하고 있다고 말하기는 어려울 것이다. 아이에 대해 진심 어린 관심을 오랫동안 유지할 수 있어야 하고, 사랑의 마음이 우러나올 때 아이의 말을 잘 들어줄 수 있다.

화가 날 때는 듣는 것이 힘들다

대부분의 부모는 화가 나 있을 때 여유로운 마음 상태가 되기 어렵다. 감정이 뒤틀려 있으면 어떤 부모도 아이의 말을 들어줄 여유가 없기 마련이다. 겉으로는 아무렇지도 않은 것처럼 행동해도 속으로 화를 삭이고 있다면 이는 아이에게 고스란히 전달된다. 이때는 오히려 아이의 말을 들어주기보다 혼자 화를 다스리는 시간을 가져야 한다. 우리는 일상 속에서 자주 감정 변화를 경험한다. 그럴 때마다 화를 내거나 참는 것 모두 바람직하지 않다. 부모는 감정이 편하지 않을 때조차 감정을 다스리는 노하우를 갖고 있어야 한다. 분노는 자기 표현의 원동력이기도 하지만 잘못 발산되면 파괴적인 성향이 있다. 화가 날 때 무조건 화를 내거나 참는 것, 아이에게 책임을 전가하는 것 모두 위험하다. 부모는 화가 났을 때 스스로 통제하고 자제할 수 있어야 한다.

"네가 행동을 하는 걸 보니 속상해"라고 말함으로써 화가 나는 이유를 설명하고 누구에게도 해가 되지 않는 모범적인 방법으로 분노를 다스려 아이에게 본보기가 돼야 한다. 누구나 화가 날 수 있지만 이를 표현하는 방법은 스스로 선택할 수 있고, 학습으로 배워나갈 수도 있는 것이다. 부모가 자신의 감정에 사로잡혀 있으면 아이의 기분을 배려할 여유도 없을 뿐 아니라 아이의 사소한 행동조차 거슬리게 된다. 화가 나 있을 때는 아이의 말이 변명처럼 들리기 쉽고, 열등감에 사로잡혀 있을 때는 아이가 무심코 하는 소리에도 자존심이 상한다. 부모가 먼저 감정이 앞서 있으면 아이의 말을 적극적으로 들으려 해도 수용적인 태도를 취하기 어렵다. 또 특정 문제에 사로잡혀 있거나 긴급하게 해결해야 할 사정이 있는 경우에도 아이의 마음을 받아줄 여지가 없다. 신경이 곤두서고 마음에 무거운 짐이 있을 때도 온

통 자신의 문제에 매달려 있기 때문에 아이의 말을 귀담아들을 여유
가 없다. 이처럼 부모의 감정이 격해 있을 때는 감정부터 가라앉히고
마음이 편안해진 상태에서 아이와 대화해야 한다.

어떻게 대화할까?

마치 자신의 아이를 기계처럼 다룰 수 있다고 생각하는 부모는 아이
의 말을 귀담아듣는 것을 아이를 다루는 기술로 이해하기 쉽다. 그래
서 종종 어떤 부모는 자신의 뜻대로 조종하고 통제하는 수단으로 대
화를 사용하기도 한다. 그러나 아이가 자신의 태도를 변화시킬 수 있
는 것은 강요나 설득을 당하거나 지시받을 때가 아니다. 자유로운 분
위기 속에서 부모의 인정과 수용적인 태도를 통해 아이는 자신의 행
동을 책임지고 문제를 스스로 해결할 수 있는 힘을 얻는다.

아이의 말을 적극적으로 경청한다는 의미

□ 나는 너에게 깊이 관심을 갖고 있단다. 너의 생각과 기분을 무척 중요하게 생각하고 있어.

□ 너와 나는 다른 생각이나 반대 의견을 가지고 있어도 우리는 서로 그렇게 생각할 이유가 충분하다는 걸 인정한다. 나는 너에게 내 생각을 강요할 뜻은 전혀 없다. 다만 너를 이해하고 싶다.

□ 너는 내가 듣고 싶은 말만 한다고 생각해. 설령 내가 들어서 기분이 언짢거나 화가 난다 해도 네 생각을 존중하고 싶어. 그러니까 솔직하게 말해주기 바란다. 우리는 믿을 수 있는 사이니까 걱정하지 말고 어떤 얘기를 해도 괜찮아.

05

엄마가 들어주면 아이들은 편안해진다

아이들과 대화하다 보면 뜻하지 않게 말싸움이 되는 경우도 있고 감정이 상해서 말문을 닫게 되는 경우도 있다. 아이들과 대화할 때 부모가 말을 많이 하는가, 아이들이 말을 많이 하는가? 부모는 주로 말을 하는 편인가? 들어주는 편인가? 부모는 아이들이 자신들을 좋아하고 가까이 다가와 모든 일을 털어놓길 바란다. 그러나 부모와 대화하거나 함께 있는 자리를 부담스러워하는 아이들도 있다. 이유는 아이들이 이야기할 때 부모가 잘 들어주지 않아서다. 그러다 보면 아이들이 자라면서 뿔뿔이 흩어져 각자의 방으로 들어가 버린다.

아이 넷을 키우는 한 어머니가 아이들과 이야기하다 보면 이야기가 끝없이 이어져 아이들을 해산시키기 어렵다고 했다. 그 아이들은 형제간의 우애도 좋고 부모도 무척 따르고 좋아했다. 비법은 역시 아이들의 말을 잘 들어주려고 노력하는 것이었다. 부모가 훈계조의 말을 장황하게 늘어놓기보다 아이들의 말을 들어주고 마음을 나누니 아이들에게 말을 걸지 않아도 스스로 다가와 일상을 모두 털어놓는다는 것이다. 부모가 아이들의 말을 잘 들어주면 아이들은 마음이 편안해지고 부모를 좋아하게 된다.

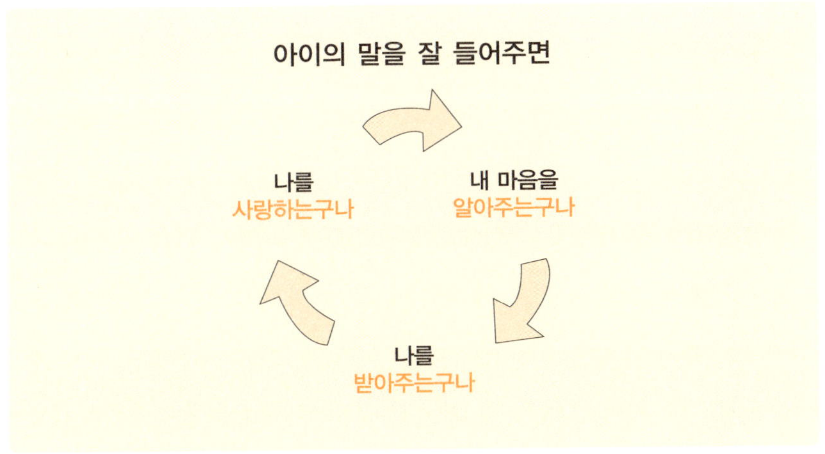

때로는 부모와 아이의 대화가 싸움이 돼버리는 이유는 갈등이 있을 때 시시비비를 가리기 위해 서로 자신의 의견을 주장하기 때문이

다. 아이의 말을 듣기에 앞서 부모가 먼저 말을 하다 보니 마음을 나누고 이해하는 대화가 어려운 것이다. 우리가 대화를 하는 목적은 서로 이해하고 당면한 문제를 해결하기 위한 것이다. 부모와 아이의 대화는 내 뜻대로 아이를 바꾸고 설득하고 조종하는 것이 아니다.

"네 마음이 그렇구나."
"내 마음은 이래."

서로의 마음을 나누다 보면 갈등을 해결할 수 있는 실마리도 찾을 수 있다.

아이와 대화를 잘하기 위해서는 우선 아이의 말을 잘 듣자. 잘 들으려면 듣는 태도도 좋아야 한다. 아이가 이야기할 때 일을 하면서 건성으로 듣거나 딴 생각을 한다면 점점 아이는 입을 다물게 된다. 아이가 다가와서 말할 때 하던 일을 멈추고 아이와 눈높이를 맞추자. 이때 물리적인 눈높이도 맞춰야 하지만 심리적인 눈높이도 맞춰야 한다. 아이의 마음으로 내려와 아이의 말을 들어야 아이를 이해할 수 있다.

또 아이가 말할 때 주의를 기울이며 고개를 끄덕여준다. 아이의 말을 수용한다는 의미에서 추임새(**아 그래!, 어떻게 됐어?** 등)를 넣어주면 더욱 좋다. 부모의 이런 반응은 아이로 하여금 자신의 말이 잘 받아들여지고 있다는 안정감을 느끼게 해준다. 그리고 계속 부모와 이야기하고 싶어진다. 부모가 자신의 말에 끄덕여주지 않거나 냉담하게 듣는다면 아이는 마음의 문을 굳게 닫아버린다.

그리고 아이의 말을 중간에 끊지 말고 아이가 충분히 이야기할 수 있도록 시간적인 여유를 줘야 한다. "빨리 말해!" "그래서 결과가 어떻게 됐어?" 등의 말은 아이가 말하는 것에 두려움을 갖게 한다. 부모가 수용적인 태도로 잘 들어주면 아이의 듣는 태도도 좋아져서 학교에 갔을 때 수업시간에 선생님의 말을 집중해서 잘 경청하는 아이로 발전한다.

아이의 말을 듣는 방법

☐ 아이와 눈높이를 맞추고

☐ 주의를 기울이고

☐ 편안한 자세로 고개를 끄떡이며

☐ 반복하거나 수용적인 언어를 사용한다
  (음~, 그래서~, 아 그래?, 그렇구나!)

☐ 말을 끊지 않고 끝까지 듣는다

아이의 마음에 공감하자

하루 종일 비가 오는 날씨 때문에 밖에 나가지 못한 아이가 불평을
한다.

아이: 왜 하루 종일 비가 오는 거야?

아빠: …

아이: 나 축구하고 싶은데…

아빠: 오늘은 비가 와서 놀 수가 없잖아.

아이: 내일도 비가 올까?

아빠: 일기예보 들어봐.

이처럼 부모가 아이의 말에 냉담하게 반응한다면 아이는 자신의
답답한 마음을 해소하지 못해서 더욱 불평이 많아지고 짜증을 부리
게 된다. 아이의 마음을 공감해주는 대화로 바꿔보자.

마음을 읽어주는 대화로 바꾸기

아이: 왜 하루 종일 비가 오는 거야?

아빠: 밖에 못 나가니까 답답하구나.

아이: 나 축구하고 싶은데…

아빠: 축구 신나게 하고 싶은데 몸이 근질근질하겠다.

아이: 응… 그러니까 지금 축구하고 싶어.

아빠: 그래? 밖에는 비가 오니 나갈 수가 없고…. 집에서 아빠랑
　　　할까?

아이: 야! 신난다.

아이가 밖에 나가지 못해 '답답한' 마음을 공감해주고 '축구하고 싶은' 욕구를 잘 수용해주니 아이는 부모에게서 이해받는다는 기분을 갖게 되는 것이다.

아이의 마음을 읽을 수 있는 대화의 예

아이: (잔뜩 심통 난 표정으로) 엄마 나 오늘 유치원에서 선생님한테
　　　야단맞았어.

엄마: 저런 기분 나빴겠다.

아이: 응, 우리 선생님은 괜히 나만 미워해. 나는 아무 짓도 안 했는
　　　데….

엄마: 잘못한 게 없는데 야단맞아서 억울하겠네.

아이: 아니, 그게 아니고. 친구랑 장난쳤거든….

엄마: 그래. 다음에 혼나지 않으려면 어떻게 할까?

아이: 엄마, 나 다음부턴 장난치지 않고 선생님 말씀 잘 들을 거야.

아이가 선생님에게 야단맞았다는 말에 엄마가 비판적이지 않고 '억울한' 아이의 마음을 읽어주니 아이는 장난을 쳐서 야단맞은 상황을 솔직하게 털어놓았다. 이때도 엄마가 단정적으로 해결책을 주기보다 아이가 스스로 생각하도록 질문한다. 아이는 선생님께 야단맞지 않으려면 어떻게 해야 할지 자신의 문제를 스스로 해결할 수 있는 방법을 찾아야 하는 것이다.

마음을 읽어주는 방법

□ 유치원 안 갈래요.　　　→　　피곤하구나.

□ 선생님은 나만 미워해요　→　　속상하겠구나. 억울하겠다.

□ 엄마는 내 마음 몰라.　　→　　외롭고 섭섭하겠구나.

06

아이가 부정적일 때도 들어주자

지원이 엄마는 워킹 맘이다. 지원이는 유치원이 끝나고 집에 돌아오면 엄마가 퇴근할 때까지 혼자서 오후 시간을 보낸다. 학원에도 다녀오고 언니랑 놀기도 한다. 엄마와 자주 전화 통화를 하면서 엄마가 보고 싶은 마음을 달래기도 한다. 어떤 때는 엄마가 집에 돌아왔을 때 재미있는 게임을 생각해내기도 한다. 엄마에게 편지를 써서 집 안에 감춘 다음 엄마와 찾기 놀이를 하는 것이다. 현관에서부터 작은 쪽지에 지시어를 적어 놓으면 엄마는 집 안 구석구석을 찾아다니며 지시에 따라 지원이가 감춰둔 편지를 찾는다.

오늘도 지원이는 편지를 써서 감춘 다음 현관에서부터 집 안 곳곳에 쪽지에 지시어를 써두었다. 지원이는 잔뜩 기대하며 엄마를 기다렸는데 엄마는 문을 열고 들어와 쪽지를 보곤 방으로 들어가 버렸다. 지원이는 섭섭한 마음에 엄마에게 쪽지를 펼쳐보라고 말했지만 엄마는 지원이 말을 무시하고 옷을 갈아입었다. 엄마는 하루 종일 일하느라 지치고 피곤했다. 그래서 아이가 제안하는 놀이를 하기가 힘들었다. 지원이는 엉엉 울기 시작했다. 울음소리가 너무 커 엄마는 이제야 정신이 번쩍 들었다. 엄마는 지원이에게 다가가서 이렇게 말했다.

엄마: 네가 써놓은 쪽지를 엄마가 못 봐서 속상했어?
지원: 네. 엄마 재미있게 해주려고 그런 건데….

지원이는 엄마가 원망스러운 듯 노려보았다. 엄마는 화가 났다. "어른한테 눈을 치켜뜨면 어떡해. 그거 나쁜 행동이야!"라고 주의를 줬다. 지원이는 "엄마는 내 말 들어주지도 않아. 엄마가 더 나빠" 하며 다시 울기 시작했다. 엄마는 그냥 울도록 지원이를 내버려두고 방을 나왔다. 최근 지원이는 부쩍 엄마에 대해 원망하는 말을 많이 한다. 이럴 때마다 아이의 버릇없는 행동을 어떻게 고쳐줘야 할지 혼란스럽다. 아이의 부정적인 행동은 부정적인 감정이 원인이다. 아이의 감정이 편안하고 긍정적이라면 버릇없는 행동이나 부정적인 행동을 하지 않는다. 아이의 나쁜 행동을 바로 잡으려면 아이의 감정이 긍정적인 상태가 되도록 충분히 들어줘야 한다. 지원이가 엄마를 노려보면서 엄마가 더 나쁘다고 한 것은 엄마가 자신이 기대한 대로 놀아주지 않아서 섭섭하고 미운 마음이 들었기 때문이다. 그래서 자신의 감정을 그대로 표현한 것이다. 부모는 아이가 버릇없이 행동하더라도 먼저 아이의 감정 상태를 이해해줘야 한다.

엄마: 지원이가 무척 섭섭했나 보다. 엄마가 편지 찾기 놀이를 안 해서 미웠어?

이렇게 말해주면 아이는 엄마에게 자신의 감정을 이해받았다는 느낌이 들 것이다. 그런 다음 **"그런데 네가 엄마를 노려보니까 무서워. 앞으로 엄마를 예쁜 눈으로 봐 줘"**라고 말하면 아이는 엄마의 마음을 잘 이해할 수 있다. "어른에게 눈을 치켜뜨면 어떡해. 그거 나쁜 행동이야!"라는 말은 당위를 가지고 하는 말이다. 어린아이는 어른에게 예의바르게 행동하는 것이 당연하다는 생각으로 하는 말이겠지만 당위적인 생각이 많은 부모는 아이와 마음의 소통을 하기가 힘들다. 당연한 행동을 아이가 하지 않을 때 화가 나기 때문에 아이의 마음을 읽어줄 수 없는 것이다.

당위적인 말 대신 "엄마를 노려보니까 무서워"라는 말은 엄마의 마음을 전하는 말이다. 이렇게 엄마의 마음을 표현해야 아이와 마음이 오가는 대화를 할 수 있다. 엄마가 자신의 마음을 충분히 알아준다면 아이는 엄마에 대한 미운 감정이 사라질 것이다. 엄마가 좋아지고 나면 엄마가 싫어하는 행동은 하고 싶지 않게 된다.

아이를 '~해야만 해'라는 당위성을 가지고 키우려면 아이가 잘 따라주지 않을 때 화가 나게 마련이다. 당연하게 생각하는 일을 할 때는 주고받는 의미와 기쁨을 상실할 뿐 아니라 그것이 당연하게 이뤄지지 않을 때 분노가 생긴다. 아이의 행동이 바르지 않을 때 행동 속에 들어 있는 부정적인 감정을 읽으면 아이의 행동을 바르게 가르쳐주는 것이 쉽다. 특히 아이가 부정적인 감정을 표현할 때 그것을 비판하거나 비난하면 아이는 자신의 감정이 거부당한 것에 더 큰 분노가 쌓여 행동이 더욱 거칠어질 수 있다.

아이가 자신의 감정이 어떤 때는 받아들여지고 어떤 때는 거부당한다고 느끼면 부모를 신뢰하기 어렵다. 부모와 신뢰관계가 형성되지 않으면 아이는 부모의 눈치를 보게 되고 불안해한다. 아이는 다른 친구 관계에서도 상대의 마음을 떠보거나 솔직한 마음을 표현하기 어려워 친밀한 관계를 맺기 힘들 수도 있다. 아이가 자신의 감정을 표현하는 것을 두려워하지 않고 어떤 감정도 솔직하게 표현할 수 있도록 만들어주는 부모가 되자.

아이의 감정, 제대로 알기

□ 감정은 자연발생적으로 생긴다.

□ 이미 생겨난 감정을 부정하면 안 된다. 부정적인 감정도 받아들여야 한다.

□ 아이의 행동은 아이가 느끼는 감정과 직접적인 관련이 있으므로 아이는 바르게 느낄 때 바르게 행동한다.

□ 아이는 자신의 감정이 받아들여지지 않는다는 사실을 인정하기 어려워한다.

수환이는 엄마 아빠와 함께 주말에 놀이공원에 가기로 한 달 전

에 약속했다. 약속한 날이 돌아오기를 잔뜩 기대하고 있었는데 엄마
와 아빠가 바쁜 일이 생겨 아이와 놀이공원에 갈 수 없게 됐다. 실망
한 수환이는 분노를 폭발하고 말았다.

수환: 엄마, 아빠가 죽어버렸으면 좋겠어.

엄마: 약속을 못 지켜서 우리가 너무 미웠구나. 화가 많이 났네.

수환: 어른들은 다 거짓말쟁이야.

엄마: 엄마아빠랑 재미있게 놀고 싶었는데 못 놀아서 정말 속상했
　　구나.

아이: 어른들은 애들을 생각하지 않아!

엄마: 그래 약속을 못 지켜서 정말 미안해. 오늘은 못 놀았지만 일
　　요일에 신나게 놀까?

수환: 좋아.

엄마: 지금도 엄마 아빠가 죽었으면 좋겠어?

수환: 아니…. 죽으면 안 돼.

엄마: 그래…. 근데 엄마, 아빠 죽으라는 말은 하면 안 돼. 너무 끔
　　찍해.

수환: 알았어요.

이렇게 아이가 끔찍한 말을 한 이유는 그만큼 감정이 많이 상해

174

격해졌기 때문이다. '어린애가 이런 말을 하다니' 하는 당위적인 생각을 하면 아이를 나무라고 혼내게 된다. 부모의 판단을 내려놓고 아이의 속상한 마음을 읽어주고 아이의 마음이 편안해지면 하지 말아야 할 행동을 가르쳐주기는 무척 쉽다.

07

아이의 미운 짓, 이유 있다

지연이 엄마는 전화벨이 울리자 수화기를 들었다. 오랜만에 친구가 전화를 걸어온 것이다. 친구들의 안부를 묻느라 통화가 길어졌다. 혼자서 잘 놀고 있던 지연이는 어느새 엄마에게 다가와 무릎에 드러누워 버렸다. 그러더니 리코더를 불어댔다. 엄마는 지연이에게 눈총을 주며 조용히 하라고 손짓했다. 지연이가 불어대는 리코더 소리가 시끄러워 통화가 곤란했다. 그런데 지연이는 엄마의 주의에도 아랑곳하지 않고 소리를 지르고 리코더를 더 크게 불어댔다. 엄마는 전화를 끊어야 했다. 지연이 행동에 화가 난 엄마는 지연이를 혼냈다.

엄마: 엄마 통화하는 거 안 보여? 조용히 하라고 신호를 보내면
　　　엄마 말을 들어야지. 왜 심술을 부리니?
지연: ….
엄마: 다음에 또 그럴 거야 안 그럴 거야?
지연: 안 그럴게요….

엄마는 지연이한테 다시는 그러지 않겠다는 다짐을 받았지만 그런 일이 되풀이되곤 했다. 손님이 와서 얘기를 할라치면 아이는 엄마에게 다가와 떼를 부리고 엄마를 방해했다. 엄마가 피곤해서 잠시 누워 쉬고 있으면 엄마를 괴롭히며 쉴 수 없게 했다. 지연이는 왜 이렇게 엄마를 난처하게 하고 심통을 부릴까? 그 이유는 엄마의 관심이 필요하기 때문이다. 아이들은 부모의 관심이 부족할 때 심리적인 허기를 느낀다. 아이들에게 가장 나쁜 정서적인 환경이 부모의 무관심이다. 차라리 화를 내고 아이를 혼내면 아이는 비록 부정적이지만 부모의 관심을 받는다고 느낀다. 아이에게 어떤 관심도 보여주지 않으면 아이는 자신의 존재가 거부된다고 느끼며 심리적인 기아 상태에 놓인다. 그래서 자신의 존재를 확인받기 위해 미운 짓을 해서라도 엄마의 관심을 끌고자 한다. 엄마가 전화 통화를 할 때 지연이가 엄마를 방해한 이유는 엄마의 무관심으로부터 자신의 존재를 확인받고 싶었기 때문이다. 엄마가 아이의 부정적인 행동의 동기를 이해한다

면 아이를 혼내는 대신 아이를 이해해주는 말을 해줘야 한다. 그래야 아이는 자신의 행동을 긍정적으로 바꿀 수 있다.

> 엄마: 지연아, 엄마가 안 놀아줘서 심심하구나.
>
> 지연: 응.
>
> 엄마: 지금 전화 통화 중인데 금방 통화를 끝낼 테니까 5분만 기다려줄래? 전화 끊고 나서 같이 놀자.
>
> 지연: 알겠어요.

이렇게 엄마가 아이의 '심심한 마음 상태'를 알아주는 말을 해주고 나서 엄마의 상황을 이야기해주면 아이는 엄마 말을 잘 받아들이고 통화가 끝나기를 기다릴 수 있다. 간단하게 전화를 끝낸 후 엄마는 아이에게 **"기다려줘서 고마워"**라고 표현해주면 좋다. 아이가 기다린 것을 당연하게 생각하지 말고 고마운 마음을 표현해야 한다. 아이는 자신의 행동에 대한 엄마의 긍정적인 반응에 고무돼 그런 행동을 다시 하고 싶어진다. 엄마는 아이와 놀기로 한 약속을 반드시 지켜 아이와 즐거운 시간을 가져야 한다. 엄마와 노는 걸 기다렸는데 그 약속이 지켜지지 않는다면 이후에 아이는 엄마 말을 믿고 기다리지 않는다. 아이는 자신의 기대대로 약속이 잘 지켜질 때 정서적인 안정감을 얻는다. 아이가 좋은 결과를 기대할 수 있고 그 결과를 직접 확인할 수 있어야 자신의 욕구를 조절할 수 있는 힘을 기를 수 있다. 아이가 통제력을 기를 수 있도록 도와주려면 반드시 아이와의 약속은 지켜야 한다.

며칠 후 지연이가 유치원에서 돌아오는 시간에 엄마는 급한 전화를 받느라 아이를 맞아주지 못했다. 엄마가 전화를 끊고 방에 들어가 보니 혼자 현관문을 열고 들어온 지연이는 방구석에 쭈그리고 앉아 있었다.

엄마: 유치원에서 무슨 일 있었어? 기분이 안 좋아 보이네.
지연: 엄마는 전화가 좋아, 내가 좋아?

예전 같으면 지연이의 엉뚱한 질문에 "괜히 말도 안 되는 소리 하지 마. 빨리 손 씻어!"라고 아이 말을 무시했겠지만 이번에는 지연이의 마음을 알 수 있는 쪽으로 반응했다.

엄마: 엄마가 전화하느라 널 맞아주지 않아 서운했구나.
지연: 날 쳐다 보지 않았잖아.
엄마: 엄마가 너한테 관심 가져주지 않아서 화가 난 거네.
아이: 엄마는 나 기다렸어?
엄마: 그럼! 다음에는 엄마가 꼭 전화하지 않고 지연이 기다릴게.

엄마가 자신의 말에 냉담하게 반응하지 않고 마음을 알아주니 지연이는 마음이 편안해졌다. 그리고 엄마에 대한 섭섭한 마음도 사라졌다. 엄마는 다시 이렇게 말했다.

지연: 와! 신난다.

지연이가 다시 문을 열고 들어오자 엄마는 지연이를 껴안아주었다. 지연이는 자신의 마음을 알아주는 엄마가 정말 좋다는 느낌이 들었다.

08

양보하게 만드는 말은
따로 있다

일곱 살 민지는 두 살 아래 동생 준서가 자신의 물건이나 장난감을 만지려 하면 빼앗기 일쑤다. 물건에 대한 소유욕이 강한 탓인지 동생과 함께 사이좋게 나누는 법도 없고 양보도 하지 않는다. 그런 모습을 볼 때마다 엄마는 속이 상했다. 최근에 준서가 누나 장난감을 가지고 노는 것을 보더니 다짜고짜 다가가서 "내거야, 만지지 마!" 하며 장난감을 빼앗고 동생을 밀쳤다. 동생은 뒤로 넘어져서 머리를 다쳤다. 아파서 우는 준서를 보는 엄마는 무척 속상했다.

엄마: 동생을 왜 밀쳐? 다쳤잖아!

민지: 내 거 만지니까 그렇지.

엄마: 동생이 좀 가지고 놀면 어때? 넌 누나잖아. 그것도 양보 못해?

민지: 엄마는 만날 준서만 예뻐하고 나한테는 화만 내.

엄마: 네가 누나면서 동생을 함부로 대하니까 그렇지. 넌 어쩜 그
　　　렇게 이기적이니?

민지: 준서한테 내 물건 만지지 말라고 해.

엄마: 좀 가지고 놀면 어때. 애 아파서 우는 거 안 보여? 빨리 동
　　　생한테 장난감 줘.

민지: 싫어!

엄마: 엄마가 다시는 너한테 장난감 안 사 줄 거야.

민지: 엄마 미워!!

이렇게 아이와 씨름하고 나니 엄마는 기운이 빠졌다. 동생과 사이좋게 놀고 양보도 하면 더 예뻐해줄 텐데 민지는 막무가내다. 어떻게 해야 민지가 동생과 좋은 사이가 될 수 있을까? 사실 형제간에 싸우지 않고 자라는 아이들은 없을 것이다. 크고 작은 다툼은 있게 마련이고 그것이 오히려 자연스러운 성장 과정이 아닐까 싶다. 단지 형제 다툼이 발생할 때 부모가 한 아이의 편을 들어주거나 일방적인 판단을 내린다면 부모에게 혼이 나는 아이는 억울함을 느끼게 된다. 민

지는 항상 손해 보는 느낌이 많았을 것이다. 엄마는 민지가 무엇이든 동생에게 양보하는 것을 당연하게 생각하고, 그렇지 않을 때 민지의 마음을 알아주기보다 혼을 내고 동생 편을 들어주니 억울한 마음이 생겨 동생을 더욱 미워하게 만든다. 동생이 아니면 엄마한테 혼날 일도 없을 테고 동생이 받는 사랑을 독차지할 수 있을 텐데 동생 때문에 자신은 늘 뒷전으로 물러난 기분이다.

큰아이는 자신이 선택해서 맏이로 태어난 것이 아니다. 때문에 부모가 지나치게 맏이 역할을 강요하는 것은 아이의 욕구를 훼손하는 결과를 가져온다. 아이들의 출생 순서가 성격 형성에 많은 영향을 줄 수 있다. 부모의 인정과 사랑을 충분히 받지 못한 큰아이는 위축되거나 공격적으로 자랄 수 있다. 반면에 무조건적으로 허용하는 작은아이는 자기중심적이고 버릇없는 아이로 자라게 될 것이다. 부모가 큰아이, 작은아이 모두에게 균형 잡힌 사랑을 줘야 하는 이유는 부모의 인정이 아이들의 정서적인 토양에 큰 영향을 주기 때문이다.

자식 사랑은 내리사랑이라 부모는 아무래도 작은아이가 더 예쁘고 관대해지게 마련이다. 큰아이에게는 엄격한 규칙을 요구하면서 작은아이에게는 관용적인 경우가 많다. 그럴 경우 아이는 부모에 대한 신뢰를 갖지 못할뿐더러 사소한 불만들이 쌓여 커서도 언젠가 분노로 폭발할 위험이 있다.

민지가 동생한테 양보도 잘하고 동생을 미워하지 않게 하려면 엄마는 어떻게 아이와 소통해야 할까? 우선 민지의 욕구를 비판하지 않고 그대로 수용해준다. 민지가 동생에게 양보할 때만 아이의 욕구를 받아들여 주는 것이 아니라 부모의 기대에 어긋나는 것도 무조건적으로 수용해줘야 한다. "넌 어쩜 그렇게 이기적이니?"라는 말은 아이의 품성을 문제 삼는 말이다. 아이를 나무랄 때 인격이나 성품을 부정하게 되면 아이는 '나는 나쁜 아이야' '나는 문제가 있어'라고 받아들여 자존감에 상처를 입는다.

아이를 나무라야 할 상황일 때도 아이의 인격을 비난해서는 안 되며 아이의 행동에 대해서만 지적한다. 칭찬할 때도 아이의 품성에 대한 칭찬은 부담을 주므로 주의한다. "그 까짓 것 좀 가지고 놀면 어때서"라는 말은 아이의 감정을 부정하고 인정하지 않는다는 의미가 있다. 아이는 이 말 속에서 자신이 부모에게서 거부당한다고 느낄 것이다.

아이의 인격 평가를 행동의 말로 들려주자

넌 말썽꾸러기야.	→	동생을 때렸구나.
넌 이기적이야.	→	동생한테 양보를 안 했네.
넌 게으름뱅이야.	→	아직 씻지 않았구나.
넌 마음이 너그러워.	→	동생에게 양보했구나.
넌 착해.	→	동생을 도와주었구나.
넌 의젓해.	→	약속을 잘 지켰구나.

아이를 비판하는 대신 이렇게 말하자

민지: 싫어. 내 거야.

아이가 이렇게 엄마 마음에 들지 않는 대답을 하더라도 아이의
마음을 그대로 받아준다. 그래서 **"그래, 네 걸 빌려주기 싫구나"**라고
인정해준다. 동생이 떼를 쓸 때 엄마는 주로 큰아이를 다그쳐 작은
아이의 욕구를 들어주는 경우가 있다. 그러나 이때는 큰아이의 욕구
를 들어줘야 한다. 장난감을 빌려주고 안 빌려주고는 큰아이의 선택
이기 때문이다. 동생에게는 **"누나가 지금 빌려주기 싫대. 그러니까 지
금은 가지고 놀 수 없어"**라고 말해준다. 큰아이 입장에서는 자신의 마
음을 엄마에게 충분히 인정받았다는 느낌이 들어 엄마가 싫어지거
나 억울한 마음이 들지 않는다. 동생을 이유 없이 해코지하는 일도
없을 것이다. 엄마는 **"그래, 충분히 네 마음 이해해. 그럴 수 있어"**라
는 태도로 아이에게서 물러나야 한다. 아이에게 양보하는 걸 가르치
기 위해 다그친다면 더욱 동생을 미워하게 될 것이다. 동생 준서 역
시 마음대로 안 되는 것도 있다는 것을 가르쳐야 한다. 준서는 일종
의 좌절을 경험할 수 있지만 그런 경험을 통해 아이는 자신을 조절하

는 방법을 배울 수 있다. 아이의 마음을 충분히 인정해주고 나서 아이의 행동에 대해서만 지적하면 아이는 자신의 존재가 거부당한다고 느끼지 않는다.

"동생을 밀치면 다칠 수 있어. 다음에는 말로 하자."

이렇게 말해주면 아이는 엄마의 가르침을 잘 받아들이게 될 것이다.

평상시에 큰아이에게 좀 더 관심을 기울여 한 번 더 쳐다봐주고 더 웃어주고 다정한 말을 들려준다면 아이는 엄마의 사랑을 동생에게 빼앗겼다는 억울함을 갖지 않을 것이다. 그럴 때 양보하고 싶은 마음이 싹튼다. 큰아이가 동생을 예뻐해주고 양보하는 장면을 보게 되면 부모는 그것을 당연하게 생각하지 말고 기특하고 대견한 행동으로 받아들여야 한다.

"우리 민지가 동생에게 양보했네. 정말 기특해."

이렇게 인정해준다면 민지는 동생과 다투지 않게 될 것이다. 어떤 문제가 발생했을 때 문제 해결에 앞서 서로 공감하고 소통하는 것이 먼저다. 그 이후에 대안이나 해결책을 찾아야 한다. 부모는 아이

의 문제 있는 행동을 즉각적으로 중단하는 데 목표를 두어서는 안 된
다. 소통에 초점을 둔다면 찾으면 아이는 서서히 자신의 행동을 조절
할 수 있게 된다.

사람은 생명체다. 생명체로서 기능하기 위해서는 필요로 하는 것
들이 많다. 그 중 부모로부터 사랑을 받고 욕구를 이해받고, 충분한
애착이 형성돼야 아이는 정상적으로 자란다. 그것이 인간의 숙명이
다. 인간은 보살핌이 필요한 동물이다. 보살핌이 없으면 인간은 생명
을 유지할 수 없다. 사람은 조금이라도 행복해지고 자신을 유지하기
위해 행동을 한다. 그것이 어리석은 행동일지라도 그럴 만한 이유가
있다. 아이의 모든 행동에도 이유가 있다. 아이의 행동에 어떤 욕구
가 들어 있는지 알아야 아이를 이해할 수 있다. 아이도 어떤 필요를
느끼기 때문에 뭔가를 시도하고 움직이는 것이다. 그것만 이해하면
자연스럽게 소통의 어려움도 사라질 것이다.

09

나는 아이와 소통하고 있는가?

아이들이 부모와 **통한다는 느낌이 들면 부모를 좋아하게 된다.** 자신의
마음을 알아주고 비판하지 않으면 굳이 부모에게 반감을 가질 이유
가 없다. 그런데 부모와 자녀 사이가 아무리 좋아도 아이의 행동이
마땅치 않게 생각되는 경우도 있다. 이때 부모가 아이를 비난하거나
혼내면 아이는 부모가 자신을 미워한다고 생각하거나 부모의 말이
잔소리로 들리기 쉽다. 부모의 말이 잔소리나 훈계가 아니라 아이가
자신의 행동을 알아차리고 바르지 못한 행동을 스스로 수정할 수 있
도록 하려면 말하는 방법을 개선할 필요가 있다. 대화는 나와 상대의
마음을 나누는 것이다. 아무리 많은 말을 해도 서로 불통이 돼 이해

하지 못하면 관계는 단절되고 좌절감을 느낀다. 사람은 생명을 유지하고 행복하기 위해서 말, 생각, 행동을 표현한다. 따라서 대화 속에는 자신에게 무엇이 필요한지를 주고받는 내용이 들어 있다.

불장난을 하는 아이를 보면 엄마는 "너 생각이 있니?"라고 화를 낸다. 이런 식의 비판적인 메시지를 들으면 아이는 부모의 말에 반감을 갖는다. "너 생각이 있니?"라는 메시지 속에 "엄마는 네가 안전하게 놀았으면 좋겠다"는 의미가 들어 있다. 그런데 그 의미를 제대로 전달하지 않고 "불나면 어쩌려고 그러니?"라거나 "당장 치워!"라고 명령하거나 "위험한 짓 하는 게 네 아빠를 꼭 닮았어"라는 등의 모욕감을 주는 메시지를 전하면 아이는 엄마가 말하는 의미를 이해하지 못할 뿐 아니라 비난받는다고 느낀다. 말할 때는 메시지 자체보다 말의 의미를 제대로 전달하는 것이 중요하다. 때문에 메시지(Message)와 의미(Meaning)를 구분할 수 있어야 한다. 메시지는 생각이 표현되는 내용, 말 자체, 정보, 표현 등을 가리키고 의미는 메시지 안에 담긴 뜻, 말 속에 담긴 필요성, 가치, 욕구를 나타낸다.

메시지와 의미가 일치해야 한다

말 속에는 내가 필요한 것, 원하는 것, 가치 있다고 생각하는 것이 명확히 담겨 있어야 한다. 놀이터에서 신나게 놀고 있는 아이에게 "너는 하루 종일 놀기만 할 작정이니?"라고 말할 때 이 말 속에는 아이가 집에 들어가서 쉬고 차분히 할 수 있는 것을 했으면 하는 의미가 담겨 있을 것이다. 그런데 의미가 잘 전달되지 않아 아이가 자신의 일에 간섭한다고 느껴 "하루 종일 논 거 아니에요. 조금밖에 안 놀았어요!"라고 반응한다면 엄마가 말하고자 하는 의미가 잘 전달되지 않은 것이다. 엄마의 메시지와 말 속에 담긴 의미가 일치하지 않아서 오해가 발생하면 소통이 원활하지 않게 된다. 아이의 오해를 불러일으키지 않으면서 엄마가 말하는 의미가 잘 전달되도록 하려면 이렇게 말하자.

"놀이터에서 늦게까지 놀면 위험하기도 하고 네가 너무 피곤할 것 같아 걱정되잖아."

메시지와 의미가 아이에게 명확히 전달되면 엄마가 말하는 의미가 왜곡되지 않고 서로 마음을 나누는 대화가 가능해진다.

대화에는 정보가 담겨야 한다

사람은 주어진 자극을 수동적으로 받아들이는 것이 아니라 자신에게 필요한 양식으로 조직화해서 받아들인다. 그래서 아이는 엄마가 말하는 내용을 자신에게 편한 방식으로 이해하려고 한다. 즉, 아이가 얻고 싶은 정보에 맞게 소통해야 제대로 된 대화가 이뤄질 수 있다. 부모와 아이가 제대로 대화하려면 다음의 두 가지 요소가 필수적으로 들어가야 한다.

> 첫째, 마음속에 어떤 일이 있어나고 있나? 즉, 내 마음 상태를 전달해야 한다.
> 둘째, 아이가 어떻게 대처하는가? 즉, 아이가 어떻게 반응해야 하는가가 전달돼야 한다.

소통할 때 이 두 가지의 정보는 필수적이다. 나의 속마음과 아이의 대처방법을 명확히 알려주지 않으면 엄마의 말을 들은 아이는 상상력을 발휘해 오히려 궁금증을 갖게 되고 마음이 불안해질 수도 있다. 집에 손님이 방문했는데 아이가 시끄럽게 떠들고 뛰어다니면 부모는 불편한 마음을 이렇게 표현한다.

"너 이따 두고 보자!"

이 말에는 부모의 마음이나 아이가 어떻게 행동해야 할지에 대한 정보가 들어 있지 않아서 아이는 대처 방법을 모르게 된다. 아이는 두 가지 정보가 부족해 자신에게 편한 방식으로 부모의 말을 이해한다. 그런 과정에서 오해가 생겨난다. 그래서 아이가 더 떼를 부리거나 부모의 눈치를 보며 돌발행동을 하기도 한다. 부모가 하는 말이 아이에게 상상의 여지를 많이 주면 소통은 막히고 만다. 아이가 부정적인 생각이나 억측을 하지 않도록 명료하게 의사소통을 하자. 아이친구가 놀러 왔을 때 아이에게 엄마가 이렇게 말한다.

"재미있게 놀아."

이 말을 들은 아이들은 집 안을 돌아다니며 장난감을 어질러놓고 안방 침대에 올라가서 뛰어논다. 그러자 엄마는 대뜸 화를 낸다.

"침대에서 내려 와. 안 그러면 못 놀게 할 거야"

당황한 아이에게 엄마는 이렇게 말한다. 엄마와 아이는 서로 맥이 빠지고 마음을 몰라주는 상대가 원망스럽기까지 한다.

소통이 어려운 이유

1. 모호함

사람은 일상생활에서 긍정적이고 즐거운 느낌보다 부정적이고 고통스런 마음을 훨씬 더 많이 느낀다. 사전에도 긍정적인 단어보다 부정적인 단어가 훨씬 더 많이 수록돼 있다. 다른 언어들도 공통적인 현상을 가지고 있다. 왜 우리 뇌에는 긍정적인 단어보다 부정적인 단어가 더 많이 입력돼 있을까? 이유는 스스로 자신을 지키기 위해서다. 우리 몸이 하드웨어라면 우리 정신은 소프트웨어다. 인간의 가장 1차적인 욕구는 육신의 생명을 유지하고 안전을 지키기 위해 존재하는 것이다. 우리가 존재하는 이유는 생명을 지키고 유지하기 위해서이므로 자신을 안전하게 보호하기 위해 고통에 민감하도록 진화돼왔다. 안전하지 못한 상황을 예민하게 감지할 수 있어야 위험에서 벗어나 생명을 유지할 수 있기 때문이다. 그래서 어떤 불확실한 상황이나 예측이 힘든 상황에서는 부정적인 마음이 먼저 생긴다. 스스로 좀 더 안전하고 싶고 미래의 불확실성에서 벗어나고 싶은 욕구에서 비롯된 것이다.

아이와의 교류에서 부모의 말이 불명확하면 아이는 부모에 대해 부정적인 느낌을 갖게 마련이다. 부모의 말과 행동이 아이로 하여금 부정적인 생각을 하게 하거나 억측을 낳게 하지 않도록 명료하게 의사소통을 해야 아이는 부모를 좋아하고 부모에 대해 긍정적인 피드백을 줄 수 있다. 그러기 위해서는 우선 자신의 상태를 명확하게 인식할 수 있어야 한다. 모든 말은 인식에서 비롯되기 때문에 자신의 상태를 명확하게 인식하지 못하면 말은 자연히 모호해질 수밖에 없다.

"알아서 해."
"너 때문에 미치겠다!"
"네가 어떻게 하나 지켜볼 거야."

이렇게 애매한 말로 아이를 혼돈스럽게 한다. 반대로 자신을 명확하게 인식할 수 있으면 대화는 자연스럽게 흘러갈 수 있다. 내가 전하는 메시지와 의미를 명확하게 담도록 소통을 개선해보자.

2. 통제, 조종의 의도

아이와 대화할 때 아이를 내 뜻대로 따라오게 하려는 의도를 갖고 있거나 드러나지 않은 의도를 감추고 있다면 진정한 소통은 이뤄질 수 없다. 인간은 누구나 타인으로부터 통제당하는 걸 원하지 않는다. 부모의 숨겨진 의도를 아이가 알아차리는 순간 아이는 실망과 배신감을 느끼게 되고 관계는 단절되고 말 것이다. 아이와의 관계에서 신뢰를 구축하려면 일방적으로 부모의 욕구만 채우려는 자기중심성에서 벗어나야 한다. 내가 무조건 옳다는 식의 독단에서도 벗어나야 한다. 부모의 생각이 중요하다면 아이의 의견도 마찬가지일 것이다. 아이를 인위적으로 조종하기보다 소통을 통해 더 나은 방향으로 생각을 발전시킬 수 있도록 하자. "이해하다"라는 말의 영어 단어는 'Understand'다. 나의 의도를 아래로 내려놓고 상대와 나란히 설 때 비로소 이해가 가능하다는 것이다.

10

엄마가 바라는 마음으로
말하기

진솔한 마음을 전한다는 것은 자녀와의 관계에서 부모가 체험하는 느낌과 생각을 있는 그대로 받아들이며 관계를 바람직하게 발전시키기 위해 건설적인 방식으로 표현하는 것을 말한다. 부모가 자신의 진솔한 마음을 전하는 이유는 솔직하게 자신을 인정할 때, 아이의 모습을 객관적인 시각으로 바라볼 수 있기 때문이다. 아이도 이런 관계를 통해 솔직한 감정을 나눌 수 있다. 진솔한 마음을 전하려면 아이가 경험하는 느낌과 생각을 있는 그대로 인식하고, 분노나 좌절 등의 감정에 담겨 있는 부모의 진정한 욕구를 찾을 수 있어야 한다.

1. 관찰로 표현하기

자녀가 학교가 끝난 후 엄마에게 말하지 않고 친구 집에 놀러 가 연락이 되지 않으면 엄마는 무척 걱정스럽고 불안해진다. 아이가 늦게 돌아왔을 때 부모는 아이에게 걱정했던 마음과 다시는 그렇게 하지 말아야 할 행동에 대해 이야기한다.

"너, 어디 갔다 이제 오는 거야? 왜 허락도 없이 늦게 오니? 그러다 무슨 일 생기면 어쩌려고 그래!"

아이를 나무라고 겁을 줘서 행동을 고치고 싶을 수도 있다. 그러나 아이는 자신이 이해받는다는 느낌보다 부모에게 일방적으로 혼이 나 부모를 무서워하거나 거리를 두게 된다. 아이가 기대에 어긋나는 행동을 했을 때 부모가 아이를 비난하고 혼내기에 앞서 눈으로 관찰한 사실만 얘기해보자.

"학교가 끝나고 집에 바로 오지 않고 친구랑 놀다 왔구나."

아이가 텔레비전을 3시간째 보고 있으면 "너는 텔레비전만 보니?"라고 말하거나 엄마가 아이를 불러도 대답이 없을 때 "왜 대답 안 해. 엄마 무시하는 거야?"라고 말한다면 아이는 마음의 문을 닫아버린다. 판단과 평가는 비판받는 느낌이 들게 하기 때문이다. 비판적인 말을 들은 아이는 기분이 나빠 반격이나 변명을 준비한다. 그래서 대화가 진전이 되지 않는 것이다. 대화가 본론으로 들어가지 못하고 싸움이 돼버리는 이유는 대화를 평가로 시작하기 때문이다. 판단을 하면 자신이나 아이에게 화가 나지만 관찰로 표현하면 화가 나지 않는다. 아이에 대한 비판적인 생각에서 벗어나려면 있는 사실을 그 자체로 감정을 개입하지 않고 바라보고 관찰한 사실을 전달해야 아이가 자신의 행동을 되돌아볼 수 있다.

관찰한 것을 그대로 표현하면 아이는 자신의 행동을 거울처럼 볼 수 있게 된다. 아이는 자신의 행동을 객관적으로 볼 수 없기 때문에 부모가 관찰한 사실을 말해줌으로써 자신의 행동을 거울에 비춰보

듯 인식할 수 있다. 거울을 보면 자신의 모습이 그대로 보인다. 아이 스스로 행동을 볼 수 있도록 부모가 거울을 보여주듯 말로 보여주면 아이는 자신의 행동을 인식하고 잘못된 점을 알아차리게 된다. 관찰에 의한 사실만을 대화로 주고받는다면 감정 개입이 줄어들어 아이는 공격받는다고 느끼지 않아 방어적인 태도를 취하지 않는다. 아이와 부모가 감정적인 대립을 하지 않는다는 것은 단절감을 느끼지 않으면서 순조롭게 대화 할 수 있다는 의미다.

2. 느낌으로 표현하기

아이가 연락 없이 집에 돌아오지 않을 때는 제멋대로 행동하는 아이가 밉고, 부모 뜻대로 통제되지 않는 아이에게 화가 난다. 그런 한편으로는 아이에게 좋지 않은 일이 생긴 건 아닌지 걱정되고 불안하다. 바로 이점을 주목해야 한다. 아이가 걱정되고 불안한 생각이 드는 느낌이 1차 감정인 것이다. 하지만 대부분의 부모는 아이가 집에 돌아오지 않고 제멋대로 행동한 것은 잘못됐다는 생각에 서운한 감정이 변질되어 격한 분노로 돌변해 호통을 치게 된다. 이는 옳지 못한 행동이다. 부모는 분노를 걷어내고 아이에게 1차 감정으로 이야기해야 한다.

"엄마는 네가 집에 오지 않아서 너무 걱정되고 불안했어."

부모가 자신의 느낌을 표현하지 않으면 아이는 부모의 마음을 알수 없기 때문에 답답하고 불안해진다. 감정을 모르기 때문에 마음을 나누기도 힘들다. 느낌은 우리의 욕구 충족을 알려주는 메신저다. 욕구가 충족되면 행복하고 기분이 좋아진다. 반면 욕구가 충족되지 않으면 힘들고 짜증스럽다. 그래서 마음속에서 올라오는 느낌을 주의 있게 들여다보아야 한다. 긍정적이든 부정적이든 어떤 느낌이 올라오는지 알아야 한다. 느낌은 자신이 가치 있게 생각하는 것이 무엇인지를 알려주는 신호등이다. 자신 안의 느낌을 무시하고 잊어버리려고 하면 삶의 활력을 잃거나 의욕을 상실하게 된다. 화가 나거나 분노를 느낄 때 그것을 회피하거나 마음속에 묻어두어서는 안 된다. 분노가 알려주는 자신의 바람을 잘 파악해 이를 잘 다스려야 삶을 파괴하지 않을 수 있다.

우리말에는 느낌에 대한 아름다운 말과 표현들이 많다. 한정된몇 개의 단어로 자신의 느낌을 표현하기는 어려울 것이다. 풍부한 감정을 말로 표현하면 감성을 개발하는 데 도움이 된다. 풍부한 감정이 배인 말은 자신과 상대의 마음을 나누고 이해할 수 있는 훌륭한 소통도구가 될 것이다.

3. 욕구와 필요를 말하자

자신이 가치 있다고 판단한 욕구가 채워지지 않았다면 이를 아이에게 표현하자. 자신에게 어떤 감정과 판단이 들 때 어떤 자극이 나의 욕구에 잘 부합되면 기분이 좋고 긍정적인 평가를 하게 된다. 반면에 그 자극이 자신이 소중하게 생각하는 가치나 욕구와 조화가 되지 않으면 좌절과 불쾌함, 고통과 같은 부정적인 판단과 평가를 하게 된다. 아이의 행동으로 인해 엄마가 걱정스럽고 불안한 마음이 든 것은 아이에게 나쁜 일이 일어나지 않도록 안심하고 싶고 아이의 안전을 확인하고 싶은 욕구 때문이다. 그래서 그 욕구를 아이에게 말해본다.

"왜냐하면 엄마는 네가 안전하게 집에 돌아와야 안심이 되거든."

우리가 하는 모든 말과 행동 뒤에는 충족하려는 욕구가 숨어 있다. 욕구는 인간에게 공통적으로 있는 것이다. 내가 바라는 욕구가 모두 충족됐다고 상상해보자. 행복하고 만족스러울 뿐 아니라 편안하고 사랑하는 마음이 충만할 것이다. 반대로 욕구가 충족되지 않으면 절망과 우울, 슬픔, 좌절, 포기, 분노가 느껴질 것이다. 우리가 삶에서 원하는 걸 얻을 수 없는 이유는 부탁 대신 강요하고 명령하기 때문이다. 아이와 소통을 잘하려면 내가 원하는 것을 아이가 즐거운 마음으로 하고 싶도록 부모의 긍정적인 욕구를 표현해야 한다.

4. 요청하거나 부탁하자

아이와 대화할 때 애매모호한 표현이나 일반적이고 추상적인 말들을 최소한으로 줄이고 실제적이고 사실적인 내용을 중심으로 이야기해야 한다. 깊은 대화를 이끌어가기 위해서는 아이에게 구체적인 행동을 부탁하는 것이 반드시 필요하다.

부모가 아이의 문제 행동에 대해 비난 일색이면 아이는 자신이 무엇을 고쳐야 할지 알지 못하고 스스로 문제가 있는 사람으로 부정적인 낙인을 찍는다. 부정적인 낙인은 아이가 성장하는 데 부정적인 영향을 준다. 부모와의 관계도 단절된다. 가장 중요한 것은 연결성을 느끼고 있는가 하는 것이다. 외출에 대해 부모의 허락을 받아야 하는 것이 어떤 가치와 연결되는지를 아이가 아는 것은 매우 중요하다. 어릴 때는 부모에게 의존해야 원하는 걸 가질 수 있고 성장하면서 부모에게 의존하지 않아도 스스로 원하는 걸 해결해나갈 수 있다는 걸 알 수 있기 때문이다. 부모의 허락을 받고 친구 집에 가는 것이 중요하다면 자신의 안전과 부모의 안심 등의 가치와 연결된다는 것을 충분히 이야기하고 서로의 욕구를 이해할 수 있어야 아이가 성장하고 난 후에도 안전하게 자신을 지키고 안심할 수 있도록 배려할 수 있는 태도를 몸에 익힐 수 있다. 아이는 물리적인 힘이 없기 때문에 부모의 권위에 복종할 수밖에 없다. 그러나 부모가 중요하게 생각하는 가치를 구체적으로 표현해서 아이 스스로 행동을 통제할 수 있을 때 아이에게도 힘이 생기고 부모와의 갈등도 줄일 수 있다. 부모가 힘으로만 밀어붙인다면 아이는 성장해서도 부모의 말에 아랑곳하지 않고 자신이 하고 싶은 대로 살아가게 될 것이다.

아이와 함께 마트에 장을 보러 갔는데 아이가 비싼 장난감을 들고 사달라며 떼를 쓴다. 엄마는 지금은 사 줄 수 없다고 아이를 설득했지만 막무가내로 떼를 쓰며 바닥에 드러눕는 아이를 보고 엄마는 화가 났다.

엄마: 일어나. 이렇게 떼를 쓰면 두고 갈 거야!

아이: 이거 사 줘.

엄마: 안 돼! 엄마는 지금 가야 해. 오든지 말든지 알아서 해!(돌아서 간다)

아이: 아앙~(더 소리를 지르며 운다)

엄마: 조용히 해!(장난감을 내려놓으려 해도 이를 거부하자) 이거 사 주면 안 울 거야?

아이: (울음을 그치며 끄덕인다)….

이렇게 되면 아이와 엄마는 기 싸움의 관계가 된다. 엄마는 어쩔 수 없이 아이의 요구를 들어주었지만 아이는 엄마에게 고마움을 느끼지도 못할 것이다. 아이는 자신의 요구를 관철시켰다는 기분에 휩싸이고 무엇이든 떼를 부리면 된다는 걸 학습한다. 점점 요구가 많아지는 아이를 통제할 수 없게 상황이 되면 엄마는 아이를 미워하고 때로 화를 폭발하기도 한다. 때로는 감정이 격해져 아이 요구를 들어주지 않으면 아이는 엄마를 원망하고 더욱 부정적으로 행동할 가능성도 있다. 그렇다면 아이와 어떻게 대화해야 자신의 행동을 조절하고 떼를 쓰는 행동을 예방할 수 있을까? 위에 제시된 대화의 모델을 익혀 4단계로 표현해보자.

"네가 장난감을 사 달라고 떼를 쓰고 우는 모습을 보니까.(관찰)

엄마가 난감하고 속상해.(느낌)

엄마는 집에 가야 돼. 너를 더 기다려줄 수 없어.(욕구)

지금은 장난감을 못 사주지만 네가 기다리면

다음 번 마트에 올 때 이 장난감을 사줄게(요청)."

아이에게 부모의 감정과 바람을 명확하게 전달하고 일관된 태도를 보이면 아이는 더 이상 떼를 부려 자신의 요구를 관철시키려 하지 않는다. 부모가 말할 때 아이가 방어적인 반응을 보일 때도 일방적으로 부모의 의견만 관철하려고 해서는 한다. 아이가 방어적인 태도를 보일 때 **"네가 좋아하는 장난감을 지금 당장 갖고 싶지?"**라고 아이의 마음을 공감해주고 나서 부모의 의사를 전달해야 아이는 부모와 통한다는 느낌을 갖게 되고 부모의 말을 들으려 한다. 이런 일이 반복적으로 생기지 않도록 예방하려면 부모는 아이와 마트에 가기 전에 미리 약속을 해야 한다.

"이번에는 장난감을 살 수 없어. 만약 떼를 쓰면 엄마가 장을 볼 수 없어서 너를 데리고 가기 힘들어. 하지만 네가 사고 싶은 장난감을 미리 골라 놓으면 다음에 마트에 갈 때 네가 고른 장난감을 사줄게."

그리고 아이와 한 약속, 명시적인 약속은 반드시 지켜야 한다.

대화는 솔직한 교류다

일상생활 속에서 아이의 마음을 이해하고 공감한다는 건 쉬운 일이
아니다. 아이에게 자신의 중요성을 인식시키고 의사소통도 원활하
게 만들기 위해서는 아이와 끊임없는 소통을 해야 한다. 아이에게 소
통 방법을 가르칠 때 가장 중요한 것은 부모 자신에 대한 깊은 통찰
과 이해가 우선돼야 한다. 왜냐하면 소통에 있어 가장 장애가 되는
것이 대부분 부모의 문제 때문이다. 부모 스스로 기분을 민감하게 파
악하고 그것을 정확하게 표현할 수 있다면 아이의 말을 듣는 것도 쉽
게 해결할 수 있다. 부모가 자신의 마음을 깊이 공감하고 아이의 마
음 을 원활하게 읽을 수 있게 되면 여유 있고 안정된 상태로 일상을
이어갈 수 있다. 부모가 아이와의 진솔한 대화를 유지하기 위해 자유
롭게 표현하는 분위기를 만들어주면 아이 역시 의욕적으로 생활하
고 스스로 성장하기 위해 노력한다. 아이는 자신이 가지고 있는 가능
성에 도전하고 성취하기 위해 애쓸 것이다.

1. 아이 말을 **잘 들어준다는 건** 아이가 하는 말의 내용과 감정을 이해하고 공감하며 듣는 것이다.

2. 아이의 말을 잘 듣기 위해서는 아이가 어리더라도 인격을 가진 한 사람으로서 **존중하는 마음**을 가져야 한다.

3. 아이의 말을 잘 들어주면 아이는 자신이 하고 싶은 말은 무엇이든 다 말할 수 있어 부정적인 감정을 해소하고 **긍정적인 감정**으로 전환할 수 있다.

4. 아이를 잘 이해하기 위해서는 아이가 **왜 그렇게 느끼는지**, 왜 그렇게 생각하는지 상세하게 들을 필요가 있다.

5. 아이는 자신이 말하는 걸 **부모가 이해한다고 느끼면** 말하는 데 더욱 주의를 기울이고 자신을 되돌아본다.

6. 아이가 부모의 생각이나 가치관을 **받아들이는 것**은 스스로 이를 음미하고 결정할 수 있을 때다.

7. 아이가 말하는 걸 들을 때는 그 자리에서 비판하거나 평가해서는 안된다.

8. 부모는 아이의 말을 들을 때 아이의 입장에서 사물을 바라볼 필요가 있으며 **아이 입장에서** 듣고 있다는 걸 알려줘야 한다.

9. 부모의 입장이나 생각을 말할 때는 적어도 아이 말이 **끝날 때까지** 기다려야 한다.

10. 아이와 이야기할 때는 부모의 감정도 **솔직하게 표현**할 수 있어

야 한다.

11. 부모의 말소리가 커질 때는 주로 마음 상태가 불안정할 때이므로 대화를 중단하고 자신의 **마음부터 추스르는 것**이 중요하다.

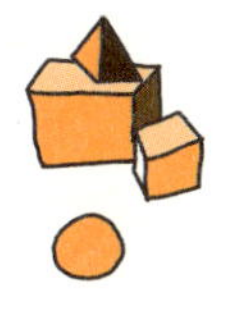

부모의 일관된 모습이
아이를 불안하지 않게 한다

수민이는 장난감을 어질러놓아 엄마에게 혼이 났다. 화가 난 엄마가 거실 소파에 앉아 있자 수민이는 엄마에게 미안한 마음이 들었다. 아이는 엄마의 기분을 풀어주기 위해 평소에 엄마가 좋아하는 음악을 틀었다. 아이는 엄마가 좋아하는 신나는 곡이라 칭찬을 받을 줄 알았다. 그런데 엄마는 소리를 질렀다.

"아우. 얘가 갑자기 왜 이래? 지금 엄마는 웃고 떠들 기분이 아니야. 왜 시키지 않은 짓을 해?"

　수민이는 화내는 엄마의 말을 듣고 흠칫 놀랐다. 어제는 분명히 이 춤을 잘 춘다며 좋아한 엄마가 오늘은 화를 내는 것이다. 수민이는 엄마의 기분을 좋게 하려면 어떻게 해야 할지 혼란스러웠다. 엄마가 이랬다저랬다 하니까 항상 불안하고 엄마를 믿을 수 없었다. 부모가 자신의 감정대로 아이를 휘두를 경우 아이는 정서적으로 무척 불안해한다. 자신의 행동기준이 명확하지 않기 때문에 눈치를 보게 되고 충동성이 높아지는 것이다. 충동성이 높은 아이들은 감정 조절 능력이 취약해 친구와 놀다가도 다툼이 생기거나 기분 나쁜 일이 생겼을 때 분노를 폭발하고 자신의 행동을 제어하지 못한다. 아이는 동일한 상황에서 보여준 부모의 모습을 그대로 따라하고 있는 것이다.

　다음날, 수민이는 친구와 같이 소꿉놀이를 하고 있었다. 인형을 서로 가지려고 하다가 다툼이 생기자 수민이는 친구에게 "너 싫어. 너 네 집에 가!" 하면서 친구를 밀치고 울음을 터뜨렸다. 수민이는 잘 놀다가도 뜻대로 되지 않는 일이 생기면 그 자리에서 장난감을 던지고 바닥에 드러누워 분노를 표현했다. 엄마는 수민이가 그럴 때마다 나쁜 말을 못하도록 다짐하고 주의를 주지만 바뀌지 않았다. 수민이네 동네는 일주일에 한 번 장터가 열린다. 장터에는 아이들이 좋아하는 간식거리가 많아 수민이 엄마는 늘 수민이에게 맛있는 걸 사주곤 했다. 그런데 수민이와 함께 놀이터에 놀러가다가 장이 열린 것을 안 엄마는 지갑을 집에 두고 나와 우동을 사달라는 수민이의 요구를 들어줄 수 없었다.

> 엄마: 지갑이 없어서 안될 것 같아. 다음에 사줄게.
> 수민: 싫어, 지금 먹고 싶어(땅바닥에 주서앉는다).
> 엄마: 지갑이 없단 말이야. 한 번 말하면 들어야지. 왜 고집을 부려?
> 수민: 지난번에는 사줬잖아.
> 엄마: 그때는 엄마한테 돈이 있으니까 사줬지.
> 수민: 그럼, 저기 은행 가서 돈 찾아오면 되잖아!

수민이는 근처 은행을 가리키며 돈을 찾아오라고 했다. 엄마는 화가 폭발하고 말았다. 수민이를 집에 데리고 와 혼을 내고 매를 들기까지 했다. 수민이는 매가 무서웠는지 "잘못했어요"라고 용서를 빌었고 엄마는 매를 놓았다. 한참 시간이 지나 아이 다리에 붉게 그어진 매 자국을 보니 엄마는 아이에게 미안한 마음이 들었다. 그래서 아이에게 다가가 **"너 아직도 우동 먹고 싶어?"**라고 물었다. 아이는 엄마의 눈치를 보며 고개를 끄덕였고 아이와 함께 장터에 다시 나가서 우동을 사주었다. 이럴 때 엄마는 너무 지친다. 아이를 때리지 않으려 마음먹지만 아이가 무리한 요구를 할 때 자신도 모르게 매를 들게 되고 시간이 지나면 후회가 돼서 아이를 달래준다. 예전에는 아이에게 겁을 주려고 매를 들었지만 요즘은 정말 아이를 아프게 때리게 된다.

아이는 매 맞는 것이 겁이 나는지 매를 들면 무조건 잘못했다고 빌지만 행동은 바뀌지 않는다.

아이가 친구와 놀다가 분노를 터뜨리거나 억지를 부려 자신이 원하는 대로 하려는 모습이 혹시 엄마의 모습은 아닌지 곰곰이 되새겨봐야 한다. 지갑을 놓고 나왔을 때 엄마의 실수를 인정하지 않고 자신이 편한 대로 아이를 통제하려고 했다. 그런 모습이 아이에게는 엄마가 억지를 부리는 모습으로 인식되고, 어떤 문제가 발생하면 무조건 내 뜻대로 해야겠다고 학습하는 것이다. 아이는 거울을 보듯 부모의 모습을 보며 배운다. 부모로부터 배우는 무의식적인 학습은 아이에게 각인돼 부지불식간에 똑같은 모습으로 드러나는 것이다.

부모가 일정한 기준 없이 기분 내키는 대로 아이에게 매를 든다면 아이는 충동성이 높은 아이로 자라게 될 것이다. 부모가 울컥하는 마음으로 기분에 따라 아이를 조종할 때 아이는 불안을 느낀다. 불안이 많은 아이들은 심리적인 안정감이 없기 때문에 스트레스에 취약하고 문제에 직면하면 차근차근 해결하기 위해 노력하기보다는 감정대로 처리한다. 이런 방식 역시 부모로부터 답습한 것들이다. 아이가 감정을 잘 조절할 수 있기를 바란다면 부모의 태도부터 살펴봐야 한다. 수민이 엄마의 경우 집에 지갑을 두고 온 것을 알았을 때 아이에게 무조건 안 된다고 말하기보다 아이와의 문제를 해결하는 대화부터 해야 했다.

엄마: 어쩌지? 지갑을 집에 두고 왔네.

수민: 나 지금 먹고 싶어.

엄마: 엄마가 미안한데 다음에 우동 먹으면 안 될까?

수민: 싫어.

엄마: 그럼, 집에 다시 가서 지갑을 가져올까?

수민: 응.

엄마: 그러자.

엄마가 실수를 인정하고 수민이의 욕구를 그대로 수용해서 지갑을 다시 가져온다면 아이는 자신이 실수를 했을 때도 실수를 인정하고 문제를 해결하기 위해 노력할 것이다. 어떤 부모들은 아이의 요구를 다 들어주면 더 많은 걸 요구하지 않겠느냐고 걱정한다. 그러나 부모가 아이에게 방어적으로 대응하지 않고 수용적인 태도를 견지하면 때론 아이의 요구를 들어주지 못할 때도 아이는 상황을 받아들일 수 있다. 근본적으로 아이가 부모에 대해 신뢰감을 갖고 있기 때문에 자신이 싫어서 요구를 들어주지 않는 것이 아니라 상황이 어쩔 수 없다는 걸 이해하기 때문이다. 아이와 신뢰감을 쌓기 위해서는 엄마가 일관성 있는 모습을 보여줘야 한다. 부모가 감정의 기복이 심하거나 감정을 통제하는 힘이 약하다면 아이는 정서적으로 위험한 상황에 놓인다. 좋은 부모가 되고 싶다면 자신의 감정을 조절하고 통제하는 힘부터 길러야 한다.

부모가 자녀와 대화할 때 한꺼번에 너무 많은 변화를 요구하거나 짧은 시간 안에 행동을 바꾸도록 강요하지 않아야 한다. 무엇보다 화풀이, 폭력, 폭언을 하지 말아야 한다. 화가 나거나 기분이 좋지 않을 때는 아이와 대화를 시도하지 말고 마음이 편안할 때까지 기다리는 게 좋다. 즉각적으로 감정을 쏟아놓지 않고 화가 난 상황을 잠시 피하거나, 심호흡을 하며 화난 감정을 들여다볼 필요가 있다. 화가 난 이유를 생각해보고, 그것이 타당한가를 확인한 다음, 나의 어떤 욕구가 충족되지 않았는지 먼저 자신과 대화를 나누자. 그런 다음, 화를 가라앉히고 나서 아이와 대화하자.

화가 날 때 마음속 신호등을 켜자

☐ **화가 날 때 우선 빨간불을 켜고 멈춘다.**
그 자리에서 화를 폭발하지 말고 화가 나는 상황을 피해 깊은 심호흡을 하며 천천히 숫자를 세거나 화를 떨어뜨리자.

☐ **노란불을 켠다.**
지금 화를 낼 상황인지 알아보자. 바라는 것이 무엇인지, 무엇이 충족되지 않았는지 자신과 대화하며, 화를 내지 않고 어떻게 해결할지 차분하게 생각한다.

☐ **초록 불을 켠다.**
해결 방법이 생각나면 대화를 시도한다. 서로 감정을 상하지 않고 실마리를 찾아나갈 수 있도록 대화한다.

12

좋은 부모는
무조건 친절하지 않다

간혹 좋은 부모가 되기 위해 아이에게 어떤 행동도 제한하지 않고 무조건 허용하는 부모가 있다. 아이의 요구는 무엇이든지 다 들어주고 기를 죽이지 않기 위해 아이에게 과잉 친절한 부모를 과연 좋은 부모라 할 수 있을까? 좋은 부모라면 아이가 건강한 한 인간으로 성장해 사회에서 필요한 사람이 되고 행복한 사람이 되도록 도와줘야 할 것이다. 그런데 지나치게 친절한 부모는 아이를 의존적인 사람으로 만들고 삶에 대한 책임감도 키워주지 못한다.

'헬리콥터 부모'라는 말은 아이의 주위를 빙빙 돌면서 아이의 모든 것을 챙겨주는 부모를 말한다. 심지어 우스갯소리로 나쁜 부모의 세 가지 조건을 건강하고, 시간이 많고, 돈이 많은 부모라고까지 한다. 이들은 건강과 시간, 재력을 모두 아이에게 쏟아 부어 아이의 자발성을 키워주지 못하기 때문이다. 부모들은 아이에게 무엇을 허용하고, 어떻게 통제해야 할지 몰라 우왕좌왕하는 경우가 많다. 부모가 일관적인 기준이 없어 감정에 따라 이랬다저랬다 하기 때문에 아이는 혼란스럽다. 그렇다면 아이에게 어떤 것을 허용하고 통제해야 하는지 기준과 방향을 명확하게 설정해 아이에게 안정감 있는 울타리를 마련해줘야 할 것이다. 아이가 놀이터에서 그네를 타고 있다. 옆에는 그네를 타고 싶은 친구들이 줄을 서 기다리고 있는데도 그네를 친구에게 양보하지 않고 계속 그네를 타고 싶어 할 때 부모는 어떻게 반응해야 할까?

"그래, 타고 싶은 만큼 실컷 타라"라고 말해야 할까? 강제적으로 그네에서 내리도록 해야 할까? 실제로 한 엄마는 다른 엄마가 항의하자 "아이가 타고 싶어 하는 걸 어떻게 하나?"며 공개적으로 아이 편을 들었다. 이럴 때 아이는 '무엇이든 내가 하고 싶은 대로 하는 건 정당하다'라고 배우게 될 것이다. 그래서 이후에 자신의 뜻대로 되지 않으면 그것을 받아들이고 수용하지 못하고 화를 내거나 신경질적으로 반응한다. 부모가 행동으로 가르치는 교육의 효과는 말로 하는 어떤 교육보다 훨씬 크다. 반대의 경우도 있다.

이렇게 말한다면 아이는 친구와 함께 즐겁게 놀 수 있는 방법을 배우게 될 것이다. 사람이 살아가다 보면 내키지 않아도 해야 하는 일도 있고 불편하지만 따라야 하는 규칙도 있다. 그것을 잘 수용하지 못하면 사람 사이에서 행복을 느끼기 어렵고 대인관계에도 악영향을 미친다. 아래의 표를 보면 통제하고 허용하는 것의 결과는 아이와 연결돼 있느냐에 따라 달라진다. 아이와 소통이 잘된다면 부모는 아이와 잘 연결돼 있다고 볼 수 있다. 만약 아이와 소통이 잘되지 않는다면 부모는 아이와 단절돼 있는 상태다.

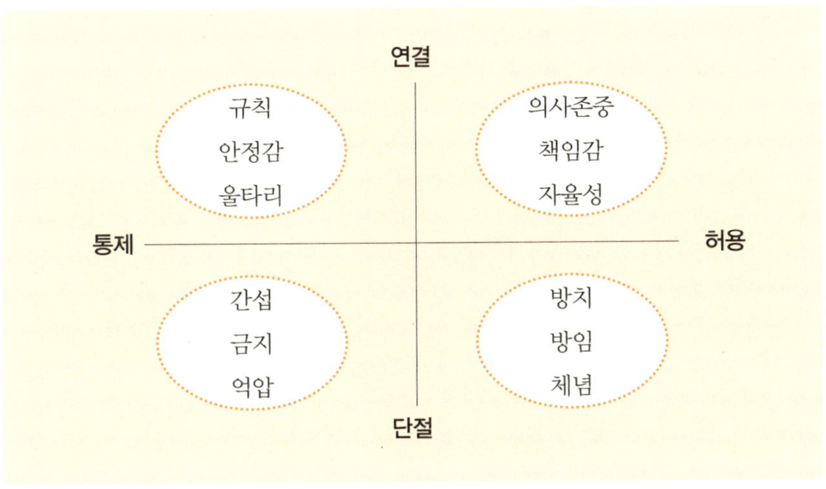

아이와 공감하지 못하고, 아이를 이해하려는 마음조차 없이 아이의 모든 행동을 허용하는 것은 아이를 방임하고 방치하는 것이다. 아이에 대해 "너 하고 싶은 대로 해"라는 식의 태도를 취하는 것이다. 어떤 부모는 아이가 싫어할까봐 가르침을 단념한 채 아이의 모든 행동을 방임해 버리기도 한다. 아이에게 돌봄을 베풀어주지 않는 것도 '학대'라고 말할 수 있다. 부모로부터 방치된 아이들은 사랑도 가르침도 받지 못해 정서적인 결핍 상태가 돼 자율적인 사람으로 성장하기 어렵다. 아이가 부모에게 도움을 청할 때 "네 일은 네가 알아서 해"라고 냉담하게 반응하면 아이는 부모로부터 거절당하는 기분을 느낀다. 부모의 거절과 무시가 반복되면 자신의 가능성을 믿지 못하고 체념해버린다.

아이와 소통되지 않는 단절된 상태에서 아이를 통제하는 것은 지나치게 간섭하고 억압하는 태도다. 즉 아이가 좋아하는 놀이를 빼앗거나 강압적으로 공부를 시키는 것, 아이가 하고 싶은 것 대신 부모의 욕구를 앞세워 부모의 뜻대로 아이를 조종하는 것 모두가 여기에 속한다. 이럴 경우 아이는 무척 소극적이고 위축되며 사춘기가 되면 부모가 보여준 것과 똑같이 부모에게 힘을 행사하려 들며 반항하기 쉽다.

부모가 아이를 잘 기르고 좋은 관계를 맺기 위해서는 아이와의 단절을 극복하고 정서 교류를 통한 대화가 원활해져야 한다. 옆 그림의 4분면 아래쪽의 단절 상태에서 위쪽의 연결 상태로 가도록 노력해야 한다. 아이와 소통이 잘된다면 아이와 연결돼 있다. 아이의 행동에 대한 통제는 아이에게 규칙을 가르쳐줌으로써 정서적인 안정감을 주고 안전한 울타리를 쳐주는 것과 같다. 아이는 일관된 규칙을 배우며 자신의 행동을 조절하고 통제하는 법을 익혀가게 된다.

통제하는 것이 무조건 나쁜 건 아니다. 오히려 아이의 행동을 무조건 과잉 허용하는 것이 더 위험하다. 아이와 충분히 연결돼 있다면 부모의 통제는 특별히 문제가 되지 않는다. 오히려 부모의 통제가 아이에게 안정감을 주기 때문에 자신의 행동을 결정하는 데 중요한 기준이 된다. 아이들은 규칙이 있는 상태를 편안하게 생각한다. 아이들이 혼란스럽지 않게 하기 위해 명시적인 행동기준이 있는 환경을 만들어줘야 한다. 아이들은 행동 조절이 어렵기 때문에 부모가 적절한 기준을 제시해주는 것이 중요하다. 무엇이든 하고 싶은 대로 할 수 없다는 것도 배워야 하며 배움의 과정에서 적절한 좌절도 필요하다. 아이에게 규칙을 배우게 하는 것도 부모의 역할이다. 다만 아이가 배움의 과정에서 상처를 입거나 지나친 죄책감을 갖지 않도록 아이의 마음을 깊이 읽어주고 소통하려는 노력을 기울여야 한다. 부모가 아이를 양육하는 최종 목표는 아이를 '자율적인 사람'이 되도록 하는 것이다. 아이가 성장함에 따라 아이에게 선택권을 주고 의사를 존중함으로써 자율성을 키울 수 있다. 이때 부모는 아이와 끊임없이 소통하고 아이가 어떤 어려움이 있을 때 잘 들어주고 해결해나가는 걸 지지해주는 역할을 해야 한다. 아이와 연결돼 있으면서 아이에게 조금씩 선택권을 위임하고 자율성을 인정해줄 수 있도록 노력해야 하는 것이다.

실제 상황에서 아이와 연결돼 있으면서 행동을 통제하는 방법을 알아보자. 아이가 친구에게 맞고 왔을 때 부모는 어떻게 반응하는가? 아이가 맞은 것이 속상해 무조건 "너도 때려!"라고 말한다면 아이는 폭력적인 행동을 정당하게 인식할 수도 있다. 이것은 방임에 속한다. 어떻게 반응해야 아이와 연결되면서 적절한 조절력을 길러줄 수 있을까?

아이가 친구에게 맞았다면 일단 부모는 속상하다. **"친구한테 맞아서 속상하겠다" "친구가 밉겠네"**라고 말한 뒤 왜 친구가 때렸는지 물으면서 아이의 말을 충분히 들어준다. 어떤 경우도 친구를 때리는 행동은 옳지 않다는 것과 "때려서는 안 된다"라고 말해준다. 그리고 **"친구랑 어떻게 하면 싸우지 않고 사이좋게 놀까?"**라고 물어서 친구와 잘 노는 방법을 배우게 한다. 만약 친구가 아무런 이유 없이 아이를 자주 때린다면 해당 친구로부터 아이를 떨어뜨려 보호받을 수 있도록 엄마가 울타리를 쳐줘야 한다.

부모가 아이에게 '되는 것'과 '안 되는 것'에 대한 일관된 기준을 가르쳐주면 아이는 그것을 평생 소중하게 활용한다. 부모가 이기심에 사로잡혀 우리 아이가 최고라는 유아독존 식의 사고를 하면 아이의 잘못된 행동을 단호하게 가르칠 수 없다. 그것이 나중에는 다른 사람과의 관계에서 장애를 가져올 수 있다.

13

떼쓰기를 중단시키는 대화법

다섯 살인 현수는 아침에 일어나 유치원에 갈 준비를 해야 하는데 오늘 따라 떼를 쓰고 짜증을 내며 유치원을 가지 않겠다고 한다. 세수도 하지 않겠다며 고집을 부리자 엄마는 화가 폭발했다.

"너 이렇게 말 안 들을 거야? 빨리 안 하면 혼날 줄 알아!"

엄마가 큰소리로 쏘아붙이자 마지못해 목욕탕에 들어갔지만 현수는 세수하지 않고 손장난만 하고 있었다. 엄마는 다시 소리를 질렀고 그 소리에 놀랐는지 돌이 갓 지난 동생이 잠에서 깨고 말았다.

엄마는 억지로 세수를 시키고 옷을 입혔다. 아이와 실랑이를 하다가 시간이 지나버려 현수는 아침밥도 못 먹고 유치원 버스에 올랐다.

아이와 한바탕 전쟁을 치르고 나니 엄마는 아침부터 기운이 쑥 빠지고 기분이 엉망이다. 아이가 제때 일어나서 스스로 챙기고 유치원을 가면 좋을 텐데 오늘은 왜 이렇게 떼를 쓰는지 가뜩이나 둘째 아이 때문에 힘든데 현수마저 애를 먹이니 아이 기르는 일이 힘들기만 하다.

오늘 따라 현수는 왜 나를 힘들게 떼를 쓰고 유치원을 가지 않겠다고 했을까?

마음을 가라앉히고 생각해보니 현수는 어젯밤에 잠을 설쳤다. 요즘 현수 동생 젖을 떼느라 동생 울음소리 때문에 잠을 푹 잘 수가 없었다. 그래서 아침에 몸이 피곤했던 것 같다.

잠이 부족해서 유치원에 안 가겠다고 떼를 부린 것인데 현수의 상태를 잘 알아주지 못하고 혼만 내니까 더욱 짜증을 부린 것이다.

현수의 상태를 공감하고 나니 엄마는 미안한 마음이 들었다.

며칠 후 다시 현수는 유치원에 가지 않겠다며 떼를 부렸다. 이번에는 엄마가 화를 내는 대신 침착하게 현수의 상태를 알아차리고 마음을 이해해주었다.

엄마: (현수를 안아주며) 현수가 어젯밤에 동생이 울어서 잠을 푹 못
　　　잤지. 그래서 피곤한 거야. 엄마가 조금 안아줄 테니까 잠에
　　　서 깨자.

현수: 유치원에 가기 싫어.

엄마: 그래? 더 자고 싶지.

현수: 응.

엄마: 정말 피곤한가 보다. 그런데 유치원에는 매일 가기로 선생
　　　님과 약속했잖아. 유치원에 다녀와서 낮잠을 자야 하지 않
　　　을까? 엄마가 안아줄 테니까 그동안 잠에서 깨.

엄마가 이렇게 말해주니 현수는 예전과 달리 짜증을 내지 않았
다. 엄마는 현수가 잠에서 깰 수 있도록 등을 마사지해줬고 아이와
실랑이하지 않고 유치원에 보낼 수 있었다.

아이가 떼를 쓰거나 고집을 부릴 때 부모는 난감하다. 아이의 말
을 무조건 들어줄 수도 없고 혼내기만 할 수도 없다. 어떻게 대처해
야 아이는 자신의 행동을 조절할 수 있을까?

아이가 떼를 쓰는 이유는 감정 상태가 편하지 못하기 때문이다.
원하는 것을 얻지 못할 때 또는 속상할 때 부정적인 감정을 드러내는
것이므로 아이의 감정을 온전히 받아줘야 한다.

"네 마음이 그렇구나"라며 아이를 받아들이면 아이의 감정 또한

224

편안한 상태가 된다. 놓치지 말아야 할 것은 아이가 요구하는 것을 무조건 허용하지 않는 것이다.

습관적으로 떼를 부리는 이유는 고집을 부렸을 때 자신이 원하는 보상이 주어졌기 때문이다. 아이의 요구가 적절하지 않다면 부모가 요구를 거절하거나 통제할 수 있어야 한다.

아이가 특별한 이유 없이 습관적으로 유치원에 가기를 싫어한다면 유치원에 가는 것은 약속이므로 약속을 지켜야 한다는 걸 알려주고 유치원에 갈 수 있도록 도와야 한다. 그래야 아이는 자신의 행동을 조절할 수 있는 습관을 만들어나가게 된다.

아이가 엄마와의 약속을 깨고 사탕을 더 먹겠다고 떼를 쓸 때 엄마가 아이의 요구를 들어준다면 아이는 절제하고 조절하는 방법을 배울 수 없다.

“사탕이 더 먹고 싶구나.”
“그런데 오늘 먹기로 한 사탕을 다 먹었어. 네가 먹고 싶은 사탕은 내일 또 먹자.”

아이는 자신의 마음을 이해받았다는 느낌과 함께 내일 또 먹을 수 있다는 기대감으로 지금 당장 먹으려는 충동을 조절할 수 있다.

아이가 고집을 부리고 떼를 쓸 때 부모가 일관된 태도로 반응을 보여준다면 아이는 무엇이든 마음대로 되지 않는 것도 있다는 걸 배우며 자신의 감정과 행동을 스스로 조절할 수 있는 아이로 성장해 간다.

거짓말을 다스리는 대화법

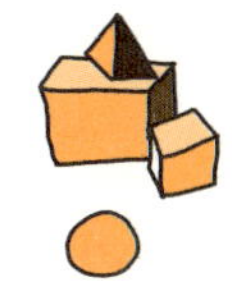

"아이가 유치원에서 색연필을 훔쳐왔습니다. 저는 그 사실을 모르고 있었는데 이웃집에 사는 아이 친구의 할머니께서 손녀가 못 보던 색연필을 가지고 있길래 어디서 났느냐고 물어보니 우리 아이가 시켜서 유치원에서 몰래 가져 왔다고 해 전화를 한 겁니다. 화가 나 가슴이 터질 것 같았습니다.

아이를 엄청 혼냈습니다. '남의 물건을 누가 훔치라고 그랬어? 이건 도둑질이야. 커서 도둑이 될 거니? 다시 이렇게 할 거야, 안 할 거야?' 하고 야단을 치니 처음에 모른 척하다가 경찰서에 데려가겠다고 하니 펑펑 울면서 용서를 빌었습니다. 저는 딸아이를 시켜 할머니에게 직접 전화를 해 잘못을 빌게 했고 친구에게도 사과하게 했습니다. 유치원에 가서도 잘못을 빌게 했습니다. 겁이 났는지 저더러 함께 가달라고 했지만 저는 혼자 하게 했습니다. 남의 물건을 훔치면 안 된다는 걸 몇 차례씩 반복하며 말했지만 아이는 울기만 할 뿐 내 말을 받아들이지 않는 것 같아 답답합니다."

유치원에 다니는 딸아이를 둔 엄마의 하소연이다. 아이들이 성장하면서 거짓말을 하는 것은 자연스러운 발달 과정이다. 그런데 엄마는 아이가 거짓말을 하는 걸 목격하면 지나치게 도덕주의적인 잣대를 대고 아이를 단죄하는 경향이 있다.

엄마들이 그렇게까지 하는 데는 나름 명분도 있다. 한 번 일을 저질렀을 때 따끔하게 혼이 나야 다시는 그런 일을 되풀이하지 않는다는 것이다. 아이를 가르치는 방식이 반드시 혼내고 야단치고, 때리는 것이어야 하는지 생각해보자. 아이들이 잘못한 것에 대해 지나치게 혼이 나면 죄책감을 배우게 된다. 아이가 거짓말을 하는 것은 진심을 말할 용기가 없기 때문이다.

거짓말을 할 수밖에 없었던 아이의 두려움을 공감하고, 거짓말 뒤에 숨은 욕구를 이해해야 한다. 자녀가 숨기고 싶어 하는 것과 바라는 것이 무엇인지 구체적으로 이해한 후에 아이를 사랑하기 때문에 거짓말을 덮어둘 수 없음을 설명하고 왜 거짓말을 하지 말아야 하는지를 사랑의 말로 가르쳐야 한다.

3세~6, 7세 때의 놀이는 자기주도성, 창의성을 키우는 것이 발달 과업이다. 부모가 이 과정을 잘 도와주지 못하면 아이는 죄의식을 쌓게 된다. 그 시기의 아이들은 '현재, 지금'을 산다. 그래서 아이들에게 내일은 없다.

다시 말해서 미래 예측력이 없다는 얘기다. 무엇을 하고 싶은 욕구가 생기면 유추성이 없어서 앞뒤 사정을 고려하지 않고 무조건 일을 저지르고 본다. 유추성은 초등학교 시기가 돼야 생긴다. 이 시기의 아이들은 뭐든 '지금' 해야 한다.

또한 보다 고집스러워지고 자기주도성을 갖는데 그것을 지나치게 통제하면 죄의식을 갖는다.

이 시기에는 양심이 생겨나는 때다. 자신의 잘못된 행동을 알아차리는 양심이 생기는 시기이므로 누가 잘못했다고 말하지 않아도 아이는 무엇이 잘못된 것인지 알고 있다.

그런데 여기에 야단까지 맞게 되면 죄의식이 생긴다. 아이가 자신의 행동을 알아차리고 잘못했다는 양심이 올라올 때 부모에게 용서를 받으면 그 감사함은 평생 재산이 된다.

용서와 허락을 받고 자란 아이는 마음이 너그럽고 따뜻한 배려를 할 수 있는 어른으로 성장한다. 아이에게 벌을 가하면 자신의 행동에 대해 벌을 받은 것과 심리적으로 거래를 한다. '잘못하면 매를 맞으면 되지' 하는 식의 행동양식을 선택한다. 깨우침은 아이가 용서받을 때 자신의 내부에서 생겨난다. 용서받을 줄 아는 아이는 자신의 재능을 펼쳐나갈 수 있다. 기를 꺾는 방식이 아니라 사랑으로 아이를 가르칠 수 있어야 한다.

이 단계의 아이들은 죄의식에 아주 민감하기 때문에 컵 하나를 깨뜨려도 아주 큰 잘못으로 생각한다. 이때 자신의 실수에 대해 야단을 맞으면 죄의식이 싹튼다. 또 부모의 이혼이나 다툼, 자신과 전혀 상관없는 일에 대해서도 전적으로 책임을 느끼며 죄의식을 갖는다. 이런 지나친 민감성 때문에 실수를 저지른 것에 대해 '나쁜 아이'라는 식으로 계속 야단을 맞으면 결국 자기혐오감에 빠지게 된다.

이것은 아이들이 자신의 행동이 '나쁜' 것과 한 사람으로서 '나쁜' 것을 구분할 수 없기 때문에 결국 아이를 자신이 나쁘다는 의미로 받아들이는 것이다. 즉 자신의 행동을 인격과 동일시해서 자신을 부족하고 한심한 사람을 받아들인다는 뜻이다. 선악을 기초로 한 도덕적 개념이 형성되는 이 시기에는 자신의 행동에 대해 "잘했다!"는 칭찬을 받으면 자신을 선한 존재로 인식하고 벌이나 야단을 맞으면 자신을 악한 존재로 인식해 지나친 죄의식에 사로잡히게 된다.

밖에서 맞고 들어오는 아이에게 아빠가 "바보야 왜 맞아? 너도 때려!"라고 반응하면 아이는 공격적인 행동을 선한 것으로 인식할 수 있다. 아이들의 지나친 죄의식과 자기혐오는 여러 징후로 드러나는데 자신에게 지나치게 분노하거나 다른 사람에게 지나치게 화를 낸

다. 자신에게 지나치게 분노하는 징후는 우울증 또는 완벽주의로 나
타난다. 완벽주의에 빠지면 나를 벌준 사람들에게 다시 한 번 인정받
기 위해 항상 모든 일을 바르게 하려고 한다.

한 어머니는 아이가 엄마 지갑에서 동전을 가져간 걸 알고 경찰
서에 아이를 데려가 물건 훔치는 일이 나쁜 것이라는 사실을 깨우치
게 했다. 그런데도 아이가 엄마 지갑에 손을 대는 일이 멈춰지지 않
았다는 것이다. 심지어 엄마에게 공격적으로 대들어 어떻게 해야 할
지 모르겠다며 하소연했다.

죄의식이나 자기혐오가 다른 사람들에게 향하게 되면 보통 나를
벌준 부모에게 향하게 된다. 아이는 부모의 비위를 거스르거나 부모
가 싫어하는 행동을 반복적으로 함으로써 부모를 벌주게 되고 나중
에 부모가 돼서도 자신의 아이들까지 벌주게 된다.

아이가 거짓말을 한다면 어떤 욕구가 있는지 알아야 한다. 아이
가 하고 싶은 것을 제지당해서 욕구불만이 있다면 그것을 적절히 해
소하도록 도와줘야 한다. 물건을 훔쳤다면 왜 그랬는지 물어보고 아
이의 마음에 공감해주자. 그러면 아이는 자신의 마음을 이해받는 느
낌이 들어 엄마에게 안도감을 갖게 된다. 그리고 엄마가 편안하고 좋
아진다. 그런 후에 왜 남의 물건을 가져오면 안 되는지를 설명해주면
아이는 엄마의 말을 사랑으로 받아들인다.

아이의 마음을 알아보지도 않고 잘못된 행동에 대해서만 지나치

게 초점을 맞춘다면 엄마에 대해 반감이나 저항감을 갖기 쉽다.

아이는 꾸지람을 들을까 봐 자신도 모르게 거짓말하는 경우가 많다. 그때 부모가 거짓말을 한 아이를 그 자리에서 잘못을 뉘우치게 하려고 눈물이 쏙 빠지도록 야단치고 체벌을 가한다면 즉각적인 효과는 있겠지만 그러나 방법적으로 감수성이 예민한 아이에게 깊은 상처를 줄 수도 있다.

순간적인 체벌은 순간적인 효과만 불러올 뿐 아이에게 오히려 '체벌만 피하면 된다'는 그릇된 생각을 심어줄 수 있다.

한 아이가 실수해서 물을 엎지른 후 엄마 눈치를 보며 "엄마, 나 미워할 거예요?"라고 묻는 경우가 있다. 아이에게 자신의 실수가 부모에게 받아들여지지 않으면 부모의 사랑을 잃을지도 모른다는 두려움이 있는 것이다.

심리학자 매슬로는 인간의 욕구는 아래의 단계가 채워져야 다음 단계로 올라갈 수 있다고 말했다. 다음 그림은 매슬로가 말한 '욕구 단계론'의 그림이다. 사람은 생존과 안전이 가장 기본적인 욕구다. 생존과 안전이 위협받는다면 그 위 단계로 올라갈 수 없다. 아마도 부모는 아이들에게 이런 기본적인 욕구를 충족시켜주기 위해 애쓸 것이다. 안전 욕구도 물리적인 것과 심리적인 것으로 나눠볼 수 있다. 아이들에게 안전한 집과 잠자리를 제공한다 해도 부부의 불화가 잦거나 아이를 불안하게 만들면 심리적인 안정감을 느끼기 어렵다.

심리적으로 불안한 아이들은 공부를 잘할 수 없다.

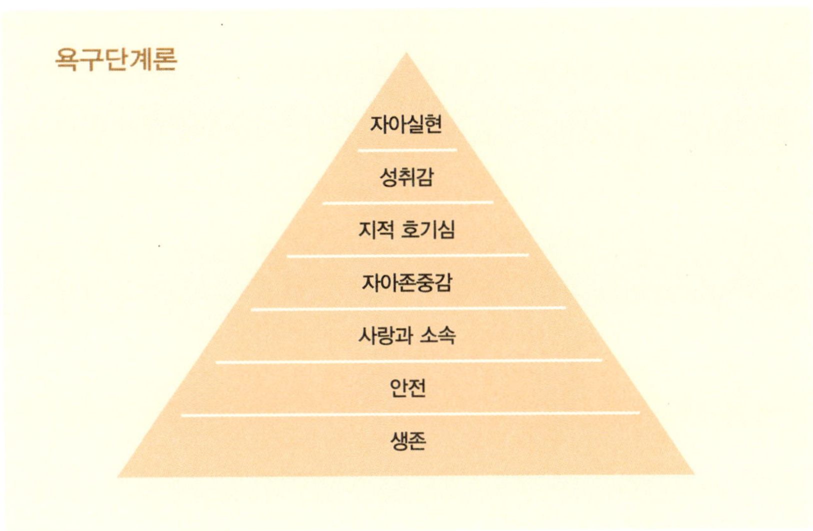

여섯 살 된 딸아이를 둔 부부는 너무 바빠 아이와 잘 놀지 못한 것
이 미안해서 어느 날 놀이공원에서 아이와 재미있게 놀았는데 저녁
무렵이 돼 집에 돌아올 때쯤 아이가 이렇게 물었다고 한다.

"엄마 아빠랑 이혼해?"

아이의 어처구니없는 질문에 부부는 무척 당황했고 미안함을 느
꼈다고 한다. 아이가 평상시 부모에게서 충분한 안정감을 느끼지 못
했기 때문에 가족이 즐겁게 시간을 보내는데도 그것이 오히려 불편
하고 불안했던 것이다. 안전 욕구가 충족되면 아이들은 부모로부터

사랑을 느끼고 소속감을 느끼고 싶어 한다. 이는 아이가 자신의 삶을 영위해가기 위해 중요한 사회적 욕구가 되는 것이다. 충분한 사랑 속에서 자아존중감이 싹트고, 무언가 배워 보고 싶은 지적 호기심이 발달한다. 모르던 것을 알아가는 기쁨은 성취감으로 연결돼 자신이 원하는 삶을 실현하는 행복한 인간이 될 수 있다. 아이를 심리적으로 불안하게 하고 충분한 사랑을 주지 못하면서 공부를 잘하게 할 수는 없다. 자신의 꿈을 이루고 행복한 아이가 되기를 바란다면 아래 단계의 욕구를 충분히 채워줘야 한다.

아이의 거짓말에 대한 부모의 대응방식은 거짓말을 한 행동 자체보다 더 중요하다. 아이가 거짓말을 할 경우 이를 눈감아주거나 반대로 몰아세우는 것은 부정적인 결과를 가져온다. 거짓말을 하지 않는 아이로 키우기 위해서는 아이가 바른 선택을 하도록 이끌어줘야 한다. 훈계는 나무라고 야단쳐서 아이를 옭아매는 것이 아니라 시간이 걸리더라도 바른 방향으로 나아가도록 이끌어주는 것이다. 아이의 행동을 즉각 바꾸기 위해 대증요법을 쓰기보다 먼 미래를 내다보고 스스로 올바른 방향을 선택하도록 도와주자.

거짓말을 하는 아이에게 죄책감을 주지 말자!

□ 아이가 거짓말을 하는 이유는 다양하다.
　아이가 혼날 것이 두려워 거짓말을 할 경우 무조건 야단치기보다 그럴 만한 이유가 있다는 걸 인정하고 아이의 말을 충분히 들어줘야 한다. 아이의 마음에 공감하면서 대화하고 죄의식을 심어주지 않으면서 스스로 자신의 행동을 깨우쳐 바른 선택을 하도록 도와주자.

□ 아이가 아직 어려 거짓말을 할 경우 누구나 실수할 수 있음을 알려주고 솔직하게 말할 때 긍정적인 말과 칭찬으로 보상하면 좋은 습관이 강화된다.

□ 정서적으로 허전하거나 불안, 공허감이 있을 경우 남의 물건을 집어오거나 남보다 좋은 물건을 갖기 위해 돈을 훔치기도 한다. 이럴 경우 아이에게 지속적인 관심을 가져주고 아이가 우울하거나 애정결핍이 되지 않도록 주의를 기울인다.

chapter 04

아이를 성실하게 만드는 대화

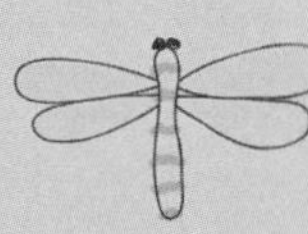

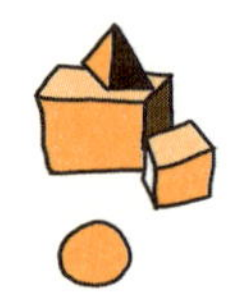

초등학교 저학년 아이에게
꼭 필요한 말

초등학교 2학년인 상진이는 **아침마다 엄마와 약속**을 한다.

"학교 끝나면 다른 데 가지 말고 곧바로 집으로 와야 해. 엄마는
네가 학교에서 돌아오지 않으면 너무 걱정되니까 꼭 약속 지키자."

엄마가 말하면 상진이는 "알았어요"하고 야무지게 대답한다. 엄
마는 상진이가 약속을 잊어버릴까봐 두세 번 확인한다. 그럴 때마다
상진이는 꼭 그렇게 하겠다며 집을 나서지만 학교가 끝나면 아침의

다짐은 온데간데없고 친구네 집에 놀러가거나 놀이터에서 노느라 집에 오는 시간이 늦어진다.

상진이를 기다리며 엄마는 걱정도 되고 불안하기도 하다. 연락이 안 돼서 너무 늦어지면 화가 치밀어오르기도 한다. 상진이를 야단치기도 하고 으름장을 놓기도 해봤지만 상진이의 귀가 시간은 자꾸 늦어졌다. 상진이를 만나 왜 학교가 끝나면 곧장 집으로 가지 않는지를 물었더니 상진이는 이렇게 말했다.

"집에 가면 엄마가 시키는 게 산더미처럼 많아요. 학원에 가야 하고 공부도 많이 해야 돼서 내맘대로 밖에 나올 수 없으니까 무조건 놀다 가는 거예요."

상진이는 학교가 끝나면 곧바로 집에 가야 하는 걸 모르고 있는 것도 아니요, 잊어버린 것도 아니다. 단지 집에 가면 해야 할 공부가 부담스러워서 미루고 싶었던 것이다. 엄마는 상진이가 집에 돌아오면 쉴 틈을 주지 않고 공부하게 했다. 외아들을 잘 키우고자 공부에 도움이 되는 것은 무엇이든 시키고 싶은 열성적인 엄마였다. 상진이에게 공부는 '즐겁다' '재미있다'는 기억보다 '싫다' '부담스럽다' '피하고 싶다'는 느낌이 든다. 아이가 공부에 대해 가지고 있는 정서는 앞으로 꾸준히 공부하기 위해서는 무척 중요하다. 공부에 대해 긍정적인 느낌을 가지고 있는 아이는 공부가 어렵더라도 인내심을 가지고 실력을 다져나갈 수 있으나 반대의 경우라면 공부하는 데 어려움이 있다.

상진이는 자신의 능력에 비해 공부의 양이나 수준이 지나치게 높았다. 초등학교 저학년 시기에 부모의 의해 선행학습을 과하게 할 경우 공부를 통해 성취감이나 기쁨을 느끼지 못하게 된다. 이렇게 되면 고학년이 돼 본격적으로 공부해야 할 시기에 공부를 놓게 될 수도 있다. 아동발달 심리학자 피아제는 초등학교 저학년 시기를 '구체적 조작기'라고 말했다. 이 시기의 아이들은 직접 지각하고 손으로 만질 수 있는 구체적 사물에 한정돼 학습하므로 직접적인 경험이 중요하다. 12세 이후가 돼야 마음속에만 존재하는 추상적인 사물에 대해 논리적인 사고나 자료를 조직화해 과학적인 추리와 가설이 가능해진다. 저학년 아이를 책상에 앉혀 책을 통해 배우게 한다거나 폐쇄적인 환경에 묶어 학교와 학원을 오가며 공부를 시키는 것은 아이의 발달에 맞지 않을뿐더러 장기적으로 공부를 좋아하는 아이로 키우기 어렵다. 이 시기의 아이들은 생활 속에서 직접 몸으로 체험하는 것들을 통해 배워나간다. 보고 듣고 만지고 경험한 것들이 모두 배경 지식이 돼 추상적인 공부가 가능해지는 고학년이 됐을 때 공부의 밑바탕이 된다. 놀이 욕구가 왕성한 이 시기 아이들을 부모의 학습 계획에 의해 묶어둔다면 배우는 걸 즐기고 호기심을 탐색하는 아이로 커나갈 수 없다. 어린 시절에 놀이 욕구를 충족하면 이것이 공부하는 시기에 학업 욕구로 발전하고, 성인이 돼서는 직업 욕구로 발전해 자신의 꿈을 성취하는 데 도움이 된다.

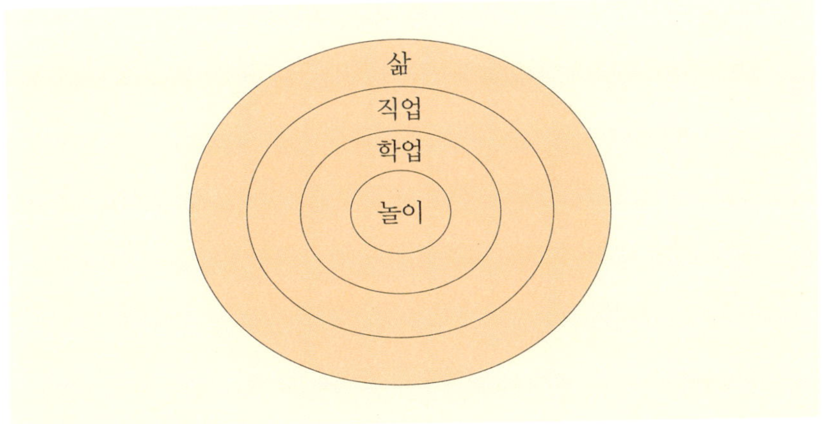

무엇이든 남보다 빨리 배우게 하고 싶었던 상진이 엄마는 상진이의 일상을 자신이 원하는 틀에 가두고 아이의 발달을 제대로 도와주지 못했음을 알게 됐다. 아이에게 늘 학교가 끝나면 곧장 집으로 오라는 말만 했을 뿐 아이의 귀가 시간이 늦어지는 이유를 물어보지 않

은 걸 깨달은 상진이 엄마는 아이와 이야기를 나눴다.

상진: 네.

상진: 놀지도 못하고 공부만 해야 하잖아요.

상진: 엄마는 친구 데려오는 것도 싫어하잖아요.

상진: 친구들이랑 놀고 싶어요.

상진: 안 하고 싶어요.

상진이 엄마는 아이의 말을 듣고 고민이 생겼다. 아이의 바람대로 하던 것을 모두 중단해야 할지 엄마의 뜻대로 밀어붙여야 할지 난감했다. 그러나 공부는 아이가 하는 것이니 아이가 원하는 대로 인정하고 받아주기로 결정했다.

상진: 태권도는 좋아요.

엄마: 태권도 외에 다른 건 그만두고 싶어?

상진: 네. 친구도 집에 데려와서 놀고 싶어요.

엄마: 좋아. 그렇게 하자. 대신 학교가 끝나면 우선 집에 와서 엄마 얼굴 보고 나서 노는 걸로 하자. 그리고 컴퓨터는 정한 시간에만 해야 돼.

상진: 와! 신난다.

상진이 엄마는 아이와 대화를 해서 오후 시간을 여유 있게 만들어줬다. 상진이와 생활계획을 세운 다음, 오후 5시까지는 집에 돌아와 저녁 식사를 하기 전에 숙제를 끝내기로 했다. 이제 상진이는 엄마가 집에 곧장 오라고 잔소리를 하지 않아도 학교가 끝나면 "다녀왔습니다!" 하며 신나게 현관문을 연다. 친구들을 데리고 오는 날은 엄마가 간식도 챙겨준다. 아이는 엄마와의 약속을 잘 지키며 생활이 활기차게 변했고 짜증도 줄어들었다. 아이와 부딪치는 일이 줄어드니 엄마 역시 마음이 편안하다.

아이를 무조건 놀게 하지 않는다

부모는 아이를 학원에 보내지 않고 자유롭게 해주는 것에 대해 두려움과 불안을 가지고 있는 듯하다. 아이가 무엇이라도 배우고 있어야 안심이 되는 것이다. 사실 부모에게 아이를 학원에 보내는 이유가 무엇이냐고 물어보면 '불안해서'라는 답이 가장 많다. 꼭 학원에 가야만 공부할 수 있는 건 아닐 것이다. 아이가 학원에 가기를 원하고 잘 배운다면 문제가 없겠지만 아이가 싫어한다면 다른 방법을 찾아야 한다. 초등학교 시기의 아이는 학교생활을 중심으로 생활 습관을 익혀가야 한다. 정해진 시간에 일어나 학교에 가고, 학교를 마치면 휴식과 놀이, 공부를 계획표에 맞춰 성실하게 해내는 습관을 천천히 만들어야 한다. 놀고 싶은 대로 무조건 노는 것이 아니라 정해진 시간이 되면 집에 돌아와 쉬고 숙제를 해야 한다는 것을 배울 수 있도록 부모는 도와줘야 한다.

아이가 싫어하는 학원에 보내는 대신 생활계획표를 짜고 그것을 실천하는 훈련을 꾸준히 한다면 아이는 자기관리 능력을 키워나가게 될 것이다. 초등학교 시기는 근면성을 키워가야 한다. 꾸준한 생활 관리와 아이가 좋아하는 것을 함으로써 느끼는 성취감은 의욕적인 아이로 만들어 자신의 일을 열심히 해내는 사람으로 성장하도록 만든다.

우리 아이, 어떻게 생활 관리를 해야 할까?

☐ 규칙적으로 할 일과 자유롭게 해도 되는 일을 구분한다.
　기상, 취침, 식사 등 기본적인 생활 시간은 일정한 시간에 지킨다.

☐ 시간표는 시간 위주보다 과제 중심으로 짠다.

☐ 공부 계획을 너무 꽉 채우지 않는다.

☐ 체험, 여행, 운동 등을 적절하게 활용하고 자유로운 시간을 갖도록 한다.

☐ 칭찬과 보상으로 동기를 높여준다.

☐ 부모는 완벽주의를 버리고 잔소리를 줄인다.

아이가 원하는 것을
현명하게 들어주는 대화법

말을 물가에 데리고 갈 수는 있어도 물을 마시게 할 수는 없다. 말은 마시고 싶다는 욕구가 생겨야 물을 마신다. 아이의 교육도 마찬가지다. 아이에게 좋은 환경을 마련해줄 수는 있지만 아이가 자발적으로 하고 싶다는 마음이 들어야 제대로 된 공부를 할 수 있다. 지혜로운 부모는 아이에게 공부하라고 잔소리를 하거나 외적인 환경만 제공해주는 대신 공부해야 하는 동기에 불을 붙이도록 도와주는 부모다. 아이 마음에 자발적인 동기가 싹트면 부모는 아이를 바라보며 격려만 해주면 된다.

　승철이는 태권도를 좋아하는 초등학교 3학년 아이다. 태권도를 배운 지 1년이 됐는데 품띠를 따는 대회에 출전했다가 아깝게 탈락했다. 승철이는 품띠를 따지 못한 것이 못내 아쉬워 다음에 도전할 때는 꼭 품띠를 따고야 말겠다고 결심한다. 그래서 오후에 1시간 태권도를 하고 나서 저녁식사 후에 도장에 가서 매일 2시간씩 태권도 연습을 더 하고 온다. 승철이 엄마는 그런 승철이에게 이렇게 말했다.

"승철아, 품띠 안 따도 되니까 태권도 조금만 해. 저녁에 너무 힘들잖아."

　승철이는 엄마의 말에 아랑곳하지 않고 태권도를 했다. 엄마는 몸이 약한 아이가 병이 날까봐 승철이를 말리고 싶다. 그런데 승철이가 저녁에 태권도가 아니라 공부를 더하겠다고 한다면 엄마는 어떻게 반응할까? 지금처럼 조금만 하라고 아이를 말릴까, 아니면 잘한다며 칭찬해줄까? 승철이 어머니에게 솔직한 답변을 부탁하니 공부한다면 굳이 말릴 이유가 없다고 대답했다. 승철이는 태권도에 푹 빠져 더 잘하고 싶어 한다. '집중의 힘'은 좋아하는 일을 할 때 나온다. 즐거운 일을 할 때 몰입하게 되고 몰입의 경험을 통해 실력이 향상돼 뿌듯한 성취감도 느낄 수 있다. 이 성취감은 다시 도전하고 싶은 의욕을 북돋워 아이는 자발성과 적극성을 키워나가게 될 것이다.

부모가 태권도를 가치 없게 생각해서 아이가 하고픈 욕구를 제지하며 부모가 원하는 방향으로 끌고 간다면 아이는 소극적이고 의욕 없는 아이로 변할 것이다. 요즘 아이들이 많은 것을 배우고 있음에도 불구하고 배움에 대해 호기심을 갖거나 알고 싶어 하는 의욕이 부족한 것을 보게 된다. 그 이유는 아이가 즐거워하는 것을 찾아주지 못하고 부모의 욕구대로 아이를 끌고 가기 때문이다. 의욕 없이 배우는 공부는 '지식의 폭격'에 지나지 않는다.

칙센트 미하이는 〈몰입의 즐거움〉에서 재능을 발달시키는 동기는 '즐거움'이라고 말한다. 몰입을 하면 즐겁고 자신에 대해 만족하게

아동의 재능 발휘 동기

순위	동기부여
1	즐거움
2	흥미
3	자기만족
4	좋은 성격
5	경쟁
6	인정받기
7	미래
8	친구들

〈조사 대상: 미국 영재 학생 223명/조사기관: 미국 시카고 대학〉

된다.

 표에서 보듯 아이들에게 동기를 주는 것은 즐거움이 가장 크고 흥미, 자기만족 등의 순서를 따르고 있다. 좋은 성적이나 경쟁, 인정받는 것은 후순위에 머물러 있는 걸 볼 수 있다. 그러므로 아이들에게 성적에 대한 압박감을 주거나 지나친 경쟁심을 부추기는 것은 공부에 대한 동기를 강화시켜주기 어렵다는 걸 알 수 있다. 초등학교 2학년인 혜민이는 엄마를 졸라 요즘 발레가 배우기 시작했는데 발레가 무척 좋아졌다. 음악에 맞춰 동작을 하며 느낌을 몸으로 표현하는 것이 즐겁고 신난다. 자신의 동작을 관찰하고 연습하는 것에 푹 빠져 시간 날 때마다 거울을 보며 발레 연습을 한다. 그런데 혜민이 엄마는 고민에 빠졌다. 그러다 발레를 전공하겠다고 할까봐 겁부터 났다. 엄마는 혜민이가 발레보다 공부를 열심히 했으면 한다. 그래서 발레 연습을 그만하라고 말리지만 혜민이는 엄마의 말을 듣지 않는다.

 아이들이 기를 쓰고 하려는 것이 바로 ‘동기’다. 아이들이 무엇을 배우기 싫어하는 이유는 동기 없이 배우기 때문이다. 하고 싶다는 동기가 살아 있으면 힘들어도 열심히 하려 한다. 초등학교 저학년 때의 아이들은 “저요, 저요!” 하며 의욕이 꿈틀거리는 시기다. 어떤 것이든 아이가 기를 쓰고 하려는 것을 발견해 그것을 즐겁고 신나게 하도록 부모는 도와줘야 한다. 즐겁고 재미있는 것을 하며 ‘몰입’과 ‘집중’의 경험을 축적한 아이들은 공부라는 목표가 생겼을 때 그 힘을 발휘하게 된다. 지금 당장 우리 아이가 기를 쓰고 하려는 것이 무엇인지 찾아보자. 그리고 그것을 찾아서 칭찬의 말로 들려주자.

    "만화를 잘 그리는구나."
    "게임이 짱이네."
    "유머 감각이 캡이구나."
    "친구들과 잘 어울리는구나."
    "기발한 생각을 잘하는구나."
    "음악을 좋아하는구나."

아이가 좋아하는 것을 부모가 인정해줄 때 아이는 자신에 대해 긍정적인 태도를 갖는다. 아이가 좋아하는 것은 무엇이든 칭찬해주자. 못하는 것에 초점을 두면 아이를 평가하고 나무라게 된다. 아이가 잘하는 것, 좋아하는 것을 찾아 긍정적인 기대를 해주면 아이들은 긍정적인 행동을 하게 된다.

컴퓨터 중독에서
벗어나게 하는 대화법

상현이는 초등학교 2학년인데 컴퓨터 게임을 너무 많이 한다. 컴퓨터 앞에 앉아서 보내는 시간이 하루 4시간을 넘는다. 밖에 나가서 뛰어놀라고 내보내도 집으로 금방 돌아와 컴퓨터를 켠다. 컴퓨터를 끄라고 하면 화를 내고 폭력적으로 변한다. 게임도 너무 공격적인 내용이라 아이에게 나쁜 영향을 미칠 것 같아 엄마는 걱정이다. 어떻게 하면 컴퓨터를 자제하게 할 수 있을까? 엄마는 방법을 찾기 위해 상담을 청했다.

자존감이 높은 아이는 중독에 빠지지 않는다

남자아이들은 대부분 컴퓨터 게임을 좋아한다. 거칠고 공격적인 내용의 게임을 선호하기도 한다. 아버지도 어릴 적에 총이나 칼로 전쟁놀이를 하거나 친구들과 몸싸움을 하며 놀았던 기억이 있을 것이며 여자아이들과 노는 모습이 사뭇 달랐을 것이다. 테스토스테론이라는 남성호르몬 때문에 아기자기한 놀이보다 남성적이고 공격적인 놀이를 더 좋아하는 것이다. 그런 남자아이들의 특성을 감안한다 해도 게임에 지나치게 몰두하거나 게임으로 인해 일상생활에 지장이 있다면 부모가 관심을 갖고 게임에서 벗어나도록 도와줘야 한다.

자존감이 낮은 아이들이 컴퓨터 게임에 빠지는 경향이 있다. 아이들은 게임을 하면서 성취감을 느낀다. 자신이 만든 캐릭터가 적들을 물리치고 승리하면 마치 자신이 대단한 사람이 된 듯 영웅심마저 느낀다. 현실에서 충족하지 못하는 성취감이나 자신감을 사이버 상의 가상현실에서 느끼고자 한다. 현실에서는 친구나 부모로부터 인정받지 못해도 사이버 세계에서는 가능하다. 자신감이 부족한 아이들은 현실의 자신을 감추고 상상 속에서 만든 멋진 캐릭터로 사이버 공간을 누빌 수 있다.

현실 속에서는 마음대로 할 수 없는 일도 게임 속에서는 여러 캐릭터들이 내 마음대로 움직여준다. 현실에서의 어려움을 쉽게 잊을 수 있기 때문에 게임 속으로 도피하는 것이다. 그래서 게임에 몰두하고 집착한다. 현실에서는 친구와 다투기도 하고, 엄마에게 혼나기도 하고, 공부도 해야 하는 고단함이 있지만 사이버 세계에서는 그런 힘들고 고통스런 상황을 쉽게 피할 수 있다. 그러다 보면 사이버 세계가 훨씬 편하고 좋게 느껴진다. 그래서 현실을 거부한다. 고통을 피하기 위해 게임에 몰입하고, 게임에 빠지다 보니 현실 세계에서 재미없는 악순환이 반복된다. 일본에서는 은둔형 외톨이 문제가 심각한데 우리나라도 은둔형 외톨이가 늘어나는 추세라고 한다.

아이가 자신감이 부족하다면 부모가 먼저 아이에게 관심을 가져야 한다. 부모의 관심과 사랑을 충분히 받으면 아이는 자신을 소중하게 여기게 된다. 아이를 긍정적으로 바라보고 아이에게 매일 칭찬의 말을 들려줘야 한다. 부모의 관심이 부족하거나 가족 간의 갈등이 심할 경우에 아이들은 커다란 스트레스 상황에 놓이게 된다. 자신이 가치 없고 쓸모없는 사람이라는 생각이 커지면 심한 열등감에 빠지게 되고, 그런 열등감을 잊기 위해 더욱 게임에 빠지게 되므로 아이에게 긍정적인 관심을 가져야 한다.

중요한 사람들로부터 관심과 인정을 받지 못할 때 심리적인 결핍을 채우기 위해 각종 중독에 빠지게 된다. 중독은 내성이 생겨 점점 더 강도를 높여 자극적인 게임을 찾게 된다. 또 게임을 끊게 되면 금단증상이 나타나 화가 나거나 불안해지는 등 성격에도 나쁜 영향을 주고 학습에 장애를 일으킨다. 아이가 게임 중독으로 가지 않기 위해서는 부모의 관심이 필요하다. 아이를 방치했거나 부모의 뜻대로 아이를 통제해왔다면 양육 태도를 바꿔 아이가 자신이 부모로부터 충분히 사랑받고 있음을 느낄 수 있도록 심리적인 결핍을 채워줘야 할 것이다.

가족이 함께하는 시간을 갖자

어떤 일을 하면서 힘든 것을 이겨내고 목표를 이뤄 뿌듯한 성취감을 느낄 때 뇌에서는 쾌감 물질인 도파민이 분비돼 기분 좋은 상태로 만들어준다. 뇌에서 도파민이 적절하게 분비돼야 행복을 느끼고 살아가는 의욕이 생기지만 반대의 경우에는 우울증에 걸리기 쉽다.

아이가 어린 시절에 자신의 노력을 통해 성취감을 맛보게 하는 것은 매우 중요하다. 아이가 성취감을 느끼면 뇌에서는 도파민이 분비된다. 이렇게 되면 고통을 잊고 다시 새로운 것에 도전할 수 있는 의욕이 생긴다. 아이가 느끼는 성취감이 새로운 것에 흥미를 느끼게 하고 꾸준히 목표를 이루기 위해 노력하는 촉매제가 된다. 그런데 부모의 강요에 의해 억지로 공부하거나 아이의 능력에 비해 너무 어려운 공부를 할 때, 또는 자신의 흥미에 맞지 않는 것을 하고 있다면 성취감을 느끼지 못할 것이다. 아이는 뇌에서 부족한 도파민을 얻기 위해 게임에서 만족감을 얻으려 한다. 게임은 즉각적인 만족을 느끼게 해 큰 노력을 하지 않아도 쾌감을 느낄 수 있다. 그러나 이런 종류의 만족감은 지속성이 짧아 또다시 게임을 찾게 만든다.

아이는 즐거움이 없을 때 즐거울 수 있는 거리를 찾아 컴퓨터 게임을 하게 된다. 컴퓨터 게임을 중단하게 하려면 아이가 즐거워하는 것, 흥미 있어 하는 것을 경험할 수 있는 기회를 줘야 한다. 운동, 공부, 취미 활동 등 무엇이든 아이가 재미있어 하는 걸 해볼 수 있도록 한다. 아이를 너무 단조롭거나 폐쇄된 환경에 가두지 말고 몸을 통해 할 수 있는 활동을 적극적으로 찾아야 한다. 또 가족이 함께하는 시간도 가져야 한다. 자주 시간을 갖기 어렵다면 한 달에 한 번이라도 가족 모두 함께하는 시간은 꼭 필요하다.

요즘 아이들이 그리는 가족 그림을 보면 가족에 대한 상이 뚜렷하지 않다. 그림 속에는 가족들이 모래알처럼 흩어져 각자의 일을 할 뿐 가족 간의 유대나 공동체성, 사랑과 친밀함을 느끼기 어렵다. 그 이유는 아이의 내면에 '우리는 한 가족이다'라고 느낄 만한 경험과 추억이 부족한 때문이다.

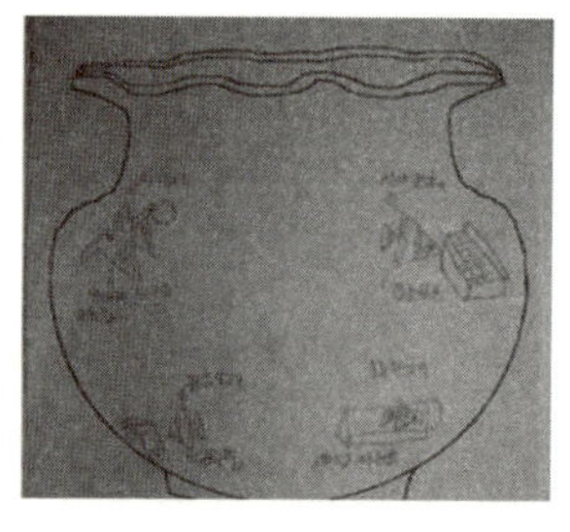

초등학교 3학년 아이가 그린 '가족 물고기화' 그림이다. 물고기 가족이 뭔가를 하고 있는 그림을 그린 것인데 가족이 단절돼 있는 느낌을 준다. 아빠는 일하러 가고, 엄마는 집안일하고 동생은 공부하고 '나'는 잠을 자고 있다. 가족은 각자 자신의 일을 할 뿐 '한 가족'이라는 느낌이 없다.

가족이 뿔뿔이 흩어져서 구석에 등을 돌리고 있다. 가운데 넓은 공간은 텅 비어 있다. 각자 일을 하느라 가족은 서로 관심이 없다. 잠을 자는 자신은 무척 지치고 무기력해보인다. 자신은 가족으로부터 어떤 관심이나 지지를 받지 못한다고 느끼고 있는 듯하다.

요즘 젊은 아버지들은 바깥 활동보다 컴퓨터 게임을 더 선호하기도 한다. 부모 교육에 참여하는 많은 어머니들은 남편이 쉬는 날에 컴퓨터 앞에 앉아 게임에만 열중할 뿐 가족과 시간을 보내거나 밖에 나가는 것을 꺼려한다고 하소연한다. 그런 부모의 생활 패턴을 아이들은 그대로 배우게 될 것이다. 실제로 아이들의 내면세계에 있는 아빠의 이미지는 컴퓨터 게임을 하거나 TV를 보는 사람, 밖에서 돈을 버는 사람 정도로 그리고 있는 경우가 많다. 현실의 아버지는 그렇지 않을 것이다. 가족을 위해서 열심히 일하고 가족을 염려하고 사랑한다. 그런데 아이들이 느끼는 아버지는 수동적이고 기계적인 존재다.

가족에 대한 이미지가 단절되고 무기력하다면 아이가 가족 내에서 행복감을 느끼기란 어려울 것이다. 아이들에게 따뜻하고 사랑이 넘치는 가족의 이미지를 심어주기 위해서 가족이 함께하는 시간을 마련해 시간을 공유하는 추억을 만들어야 한다. 이런 기회가 많아야 아이들은 가상세계보다 가족이나 친구와 어울려 노는 걸 더 좋아하게 된다. 아이들은 가상현실보다 사람과 어울려 노는 것에 더 흥미를 갖고 즐거움을 느껴야 한다. 그러기 위해서는 가족이 함께하는 시간을 통해 정서 교류가 활발해지도록 노력해야 한다.

컴퓨터 사용 규칙을 만들고 실천하라

아이가 컴퓨터를 사용하기 전에 규칙을 정한다. 컴퓨터는 가족이 모두 함께 사용할 수 있는 장소에 있어야 아이가 컴퓨터의 유혹을 이겨낼 수 있다. 컴퓨터 게임 때문에 문제가 된 한 아이는 게임을 하지 않으려고 결심했지만 자신도 모르는 사이에 게임을 하고 있었다고 말한다. 아이의 환경을 알아보니 아이 방에 컴퓨터가 놓여 있었다. 아이는 컴퓨터가 보이면 자동적으로 컴퓨터에 끌려가는 상황이 될 수

밖에 없다. 부모님과 상의해 아이 방에서 컴퓨터를 빼고 거실에 놓게 했다. 물리적인 환경이 바뀌니 아이는 컴퓨터에 대한 자기 조절력을 키울 수 있었다.

아이의 공부방 환경을 점검해 아이가 게임의 유혹을 느낄 만한 컴퓨터나 게임기가 있다면 밖으로 꺼내는 게 좋다. 부모도 습관적으로 컴퓨터를 켜놓고 시간을 보내는 일을 자제해야 한다. 아버지들도 게임을 많이 하지만 어머니들도 인터넷 쇼핑이나 각종 사이트를 방문하는 등 컴퓨터 앞에서 시간을 보내는 경우가 많다. 규칙을 정해 반드시 정해진 시간에 컴퓨터를 하도록 가족이 함께 노력해야 한다.

상현이의 컴퓨터 사용 규칙

□ 월, 수, 금요일에 1시간씩 한다.

□ 컴퓨터는 엄마가 없을 때 켜지 않는다.

□ 약속을 잘 지키면 주말에 한 시간 더 한다.

□ 일요일에는 가족이 모두 컴퓨터를 끄고 아빠와 함께 바깥놀이를 한다.

규칙을 잘 실천하면 적절한 보상을 한다. 평상시에 아이의 노력에 대한 칭찬을 꾸준히 해주고 과하지 않은 선물을 하면 좋다. 가족이 함께하는 활동을 하면 아이에게는 긍정적인 보상이 되기도 하면서 가족과 친밀감을 느낄 수 있는 일석이조의 효과가 있다. 이런 부모의 긍정적인 관심과 노력을 통해 아이는 더욱 잘하려는 동기가 강화될 수 있을 것이다. 아이의 컴퓨터 중독을 예방하는 것은 가족 모두의 노력이 필요하다. 지금 당장 아이가 일상생활로 돌아오기 힘들더라도 좋아지기 위한 과정이라고 믿고 가족 전체가 여가생활을 조정하고 스트레스를 관리하려는 노력을 기울이기 바란다.

초등학교 시기의 아이들은 경험을 통해 도덕성을 익혀나간다. 행복하게 살기 위해 질서와 규칙이 필요하고 그것을 잘 지키는 것이 나와 모든 사람에게 이롭다는 것을 깨달아야 한다. 때로는 원치 않아도 공동 이익을 위해 따라야 하는 규칙이 있다는 것도 배워야 한다. 아이들이 도덕성을 배워나가는 첫 번째 환경은 바로 '부모가 보여주는 행동'이다. 부모가 일상생활에서 규범을 잘 이행하고 아이들과의 약속을 잘 지키는 것은 아이들의 도덕성을 내면화하는 데 가장 큰 힘이 된다. 아이들은 부모의 행동을 보고 배운다는 사실을 기억하고 아이들에게 긍정적인 모범을 보일 수 있도록 노력하자.

혹시 ADHD는 아닐까?

아이들이 집중을 잘하지 못하고 산만하거나 공격적인 행동을 보이면 부모들은 혹시 ADHD가 아닌가 걱정을 하게 된다. ADHD란 AD(Attention Deficit, 주의력 결핍)와 HD(Hyperactivity Disorder, 과잉행동장애)의 합성어로 ADHD 아동은 지속적인 주의력 결핍과 과잉행동 그리고 충동적인 특징이 있다. 2008년 7월 한국보건원 조사에 의하면 초등학생 5명 중 1명이 ADHD 아동이며 이 숫자는 더욱 늘어나고 있는 추세다.

또 ADHD 발병률은 남자아이들이 여자아이들보다 2~3배 높다. ADHD 아동은 집중력이 부족해 인지 기능이 떨어지고 행동은 부산

하고 산만해 조금도 가만히 있지 못하고 이리저리 움직인다. 정서가
불안해 자신의 마음대로 되지 않으면 쉽게 울어버리거나 심하게 떼
를 쓰고 분노를 폭발하기도 한다.

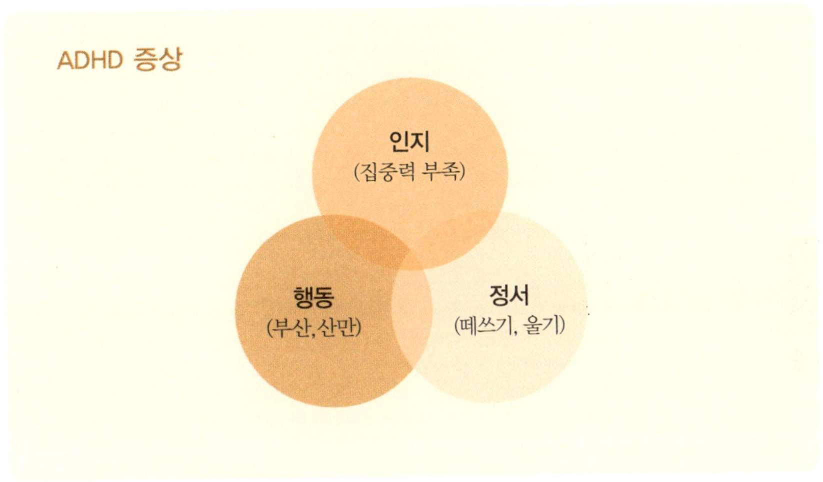

20년 전만 해도 듣기에 생소했던 ADHD 아동이 이렇게 늘어나는
이유는 무엇일까? 정신의학에서는 생물학적, 심리적, 사회적 요인
등 복합적 요인에서 그 원인을 찾고 있다. 우선 생물학적 요인으로
는 신경화학적 요인이 가장 큰데 뇌에서 전달되는 도파민이라는 신
경전달 물질 부족 때문이다. 또 충동성을 조절하고 판단력을 담당하
는 전두엽 기능이 저하되거나 전두엽의 용적이 적어지는 것도 원인
이다. 그리고 ADHD는 유전가능성이 64%로 높다고 한다.

ADHD 아동의 모발을 검사해보면 납, 알루미늄 수치가 높게 나타난다. 반면에 칼슘, 마그네슘, 아연, 인의 수치는 낮다. 황사나 매연, 유해가스, 가공식품 첨가물, 1회용 용기 등에 포함된 중금속이 뇌에 유해물질을 유발해 뇌의 기능을 떨어뜨리게 되는 것이다. 간접 흡연의 경우 ADHD 발병률이 2배 이상 높다고 한다.

ADHD 아동은 연령대별로 차이를 보이는데 10세 이전에는 산만하고 개구쟁이의 모습을 보이다가, 11세 이상이 되면 또래들과 어울리지 못하거나 의욕이 없어 보이고 자신감이 떨어진다. ADHD로 전두엽 기능이 떨어지고 뇌 기능이 저하되기 때문에 2차적으로 동반되는 증상이 나타나게 된다.

틱 장애는 ADHD 아동의 25~65% 정도에서 나타난다. 품행장애, 반항성장애 등 품행장애가 30~60%, 우울증, 불안장애 등 정서장애가 10~40%, 야뇨증, 수면장애, 언어 발달 지연 등의 증상이 동반되기도 한다. ADHD 아동은 자신의 욕구 조절이나 또래 관계, 학업, 부모와의 관계에서 기능이 떨어져 자신의 잠재력을 발휘하기 힘들다. 부모나 또래, 선생님들로부터 반복적으로 야단맞고 비난을 받게 되면 자존감과 자신감이 떨어져 주변 환경과 사회에 대한 반감을 갖게 된다. 우울증이나 불안장애, 품행장애, 적대적 반항장애 등으로 사회에 적응하지 못하면 성인 ADHD로 이어진다. 어릴 적에 적절한 치료를 하지 않으면 성인이 돼도 30~70%가 성인 ADHD로 남게 된다.

어떻게 ADHD를 알 수 있을까?

우리 아이가 ADHD인지 아닌지를 알려면 소아정신과에 가서 정확한 진단을 받아야 한다. ADHD 진단이 나오면 의사 처방에 따라 약물치료를 하면 된다. 부모들은 아이에게 정신과 약을 먹이기를 꺼려하는 경우가 있는데 약물치료는 효과가 빠르고 가장 검증되고 안전한 치료 방법이다.

1년 이상 약물치료를 하면 치료 효과가 70~80% 정도로 높다. 경우에 따라서는 기간이 길어지기도 하는데 90%까지 치료가 된다고 하니 막연하게 두려워하지 말고 전문가를 찾아가 정확하게 진단을 받은 후 의사의 지시에 따라 치료를 하면 된다. 약물의 부작용이 나타나면 식욕이 저하되고 밤에 늦게 자거나 멍한 상태가 되기도 하고 의욕이 떨어지기도 한다. 아이를 보는 부모의 마음이 안쓰러워 임의로 약을 중단하거나 꾸준히 복용하지 않으면 오히려 치료 기간이 길어지므로 의사를 신뢰하고 처방대로 약물치료를 꾸준히 해야 한다.

ADHD, 어떻게 판단할 수 있을까?

□ 아이의 부적절한 행동을 부모가 제지할 때 아이가 그 말을 알아듣고 행동이 교정되는가?

□ 상황에 따라 행동을 조절할 수 있는가? 예를 들면 집 밖에서는 활기차게

뛰어놀지만 집 안에서는 뛰지 않고 조용하게 놀 수 있는가?

□ 틱 증상이 있는가?

□ 또래 관계에 문제가 있는가?

ADHD를 방치하면 커서 청소년 비행이나 우울증, 학습 부진 등으로 이어지기 쉬우며 성인이 돼서도 사회생활에 어려움을 겪을 수 있다. ADHD 아동은 일부러 말썽을 부리는 것이 아니라 뇌의 기능 저하에 따른 증상이다. 그런데 행동 조절이 안 되는 아이를 보면 부모는 속이 상하고 화가 나게 된다. 아이를 혼내는 부정적인 반응이 반복되면 아이는 자존감에 상처를 입고 자신감이 급격하게 떨어진다.

주변에서 받는 부정적인 피드백에 의해 아이가 열등감을 갖게 되면 생활 전반에서 문제적인 행동이 드러나고 품행장애를 동반하게 된다. 아이를 지적하고 야단치기에 앞서 아이 상태를 정확하게 파악해 아이를 치료할 수 있도록 적절한 도움을 줘야 할 것이다.

ADHD 치료에 도움이 되는 것으로는 놀이치료나 음악치료, 미술치료 등이 좋다. 이는 놀이나 음악, 미술 활동을 매개로 정서적인 안정감을 갖게 되고 충동을 조절할 수 있는 행동치료이자 심리치료 방법이다. 또 뇌파를 안정시키는 뉴로피드백(뇌파신경치료)도 권장하고 있는 추세다. 이런 치료는 일주일에 2회, 6개월 정도 하면 좋다. ADHD 아동에게 가장 중요한 기본치료는 약물치료이며 부모는 자신의 양육 태도를 점검하고 아이에게 적절한 도움을 줄 수 있도록 가정 교육이 병행돼야 한다.

부모는 우선 아이의 상태를 충분히 이해하고 배려하며 공감해야 한다. 아이가 어쩔 수 없이 행동 조절에 어려움을 겪고 있다는 것을 부모가 이해해야 한다. 그리고 아이에게 지시할 때 한꺼번에 많은 것을 지시하지 말고 한 번에 한 가지씩 세분화해서 차근차근 하도록 해야 한다. 엄마가 아이를 지켜봐주고 아이가 엄마의 지시에 잘 따를 때 칭찬을 듬뿍 해줘야 한다. 부모는 아이가 작은 것부터 할 수 있도록 배려하고 아이가 할 수 있도록 부모는 기다려주고 긍정적인 반응을 해줘야 한다.

ADHD 아동은 또래 관계 맺기에 어려움이 있다. 아이는 친구 사이에서 상처를 받고 따돌림을 당하는 경우가 많다. 아이가 친구 관계에 어려움을 느낄 때 부모는 친구를 집으로 오게 해서 아이가 노는 것을 잘 관찰한 후 아이와 단둘이 있을 때 엄마와 역할놀이를 통해 친구가 싫어하는 말 안 하기, 규칙 지키기, 친구가 좋아하는 말과 행동으로 바꾸기 등을 구체적으로 연습해야 한다.

부모는 아이를 대할 때 감정적인 대응을 자제해야 한다. 아이가 부모의 기대만큼 보여주지 않을 때 자칫 화를 내거나 분노를 폭발하면 아이는 더욱 불안해지고 자신감을 잃게 된다. 평상시 부모의 감정을 잘 다스려 아이에게 편안한 부모가 돼야 하며 느긋한 자세를 갖도록 노력해야 한다. ADHD 아동은 대부분 에너지가 넘치기 때문에 움직이고 싶은 에너지를 발산하도록 운동이나 다양한 예술 활동을 하면 좋다.

2008년 베이징올림픽에서 수영 7관왕의 영광을 차지한 마이클 펠프스는 일곱 살 때 ADHD 진단을 받고 의사로부터 "이 아이는 평생 집중하는 일을 할 수 없을 것"이라는 절망적인 선고를 들었다. 그러나 펠프스의 아버지는 좌절하지 않고 펠프스가 수영을 할 수 있도록 배려했고 꾸준히 노력한 결과 세계적인 선수가 될 수 있었다. 부모는 ADHD 아동의 넘치는 에너지를 긍정적으로 전환시킬 수 있도록 아이가 가장 좋아하고 집중할 수 있는 활동을 발견하고 그 활동에 집중하는 시간을 꾸준히 늘릴 수 있도록 도와줘야 한다. 아이는 자신이 좋아하는 활동에서 성취감을 느끼면 자신감이 충만해진다.

□ 아이의 어쩔 수 없는 상황을 이해하고 아이의 입장에서 배려한다.

□ 쉬운 과제를 주고 성취감을 느끼게 한다.

□ 지시할 때는 한 번에 하나씩 세분화해서 차근차근 하도록 도와준다.

□ 잘했을 때 칭찬해주고 못하더라도 격려한다.

□ 또래와 노는 것을 잘 관찰하고 집에서 엄마와 역할놀이를 통해 친구가 '좋아하는 말'과 '싫어하는 말'을 적어보고 연습한다.

□ 부모는 감정 조절을 잘해서 아이의 행동에 감정적으로 대응하지 않는다.

05

스스로 공부하게
만드는 대화법

초등학교 2학년인 명식이 엄마는 학교 선생님께 불려가는 일이 잦다. 명식이는 학교에서 걸핏하면 친구와 싸우거나 친구를 때려서 말썽을 일으킨다. 선생님이 호출하면 명식이 엄마는 죄인 같은 심정으로 선생님을 만나러 학교에 갔다. 몇 달 전에는 반 친구 한 명을 때리고 몸싸움을 하다가 친구가 넘어져서 팔이 부러졌다. 다친 명식이 친구를 병원에 데려가 깁스를 하기도 했다. 명식이 엄마는 학교에 불려가는 일이 창피하기도 하지만 자꾸 거칠어지는 명식이의 행동을 어떻게 고쳐야 할지 난감하기만 했다.

명식이는 학교에 입학했을 때부터 선생님 말을 안 듣고 학급 규칙을 지키지 않아 눈 밖에 드러나기 시작했다. 2학년이 돼서는 선생님에게 말대답을 하고 대드는가 하면 물건을 함부로 던지기도 했다. 친구들과 싸움이 반복되다 보니 친구들도 명식이와 놀지 않으려 했다. 명식이는 친구들에게서 따돌림을 받으면서 더욱 학교를 싫어하게 되고 학교에 무단 결석하는 일도 반복됐다. 선생님은 명식이를 소아정신과에 데려가 보라고 했다. 명식이 엄마는 정말 명식이에게 문제가 있는 것 같아 병원을 찾았다. 검사 결과 명식이는 '반항장애'라는 진단을 받았다.

아이들이 넘어져 상처가 나거나 다치면 부모는 약을 발라주고 병원에 가서 치료한다. 제때 치료해야 상처가 남지 않고 신체에 장애를 남기지 않기 때문이다. 육체적인 질병이나 상처는 눈에 쉽게 보이기 때문에 즉시 대처할 수 있지만 정서적인 상처나 장애는 눈에 보이지 않기 때문에 주의 깊게 살피는 것이 어렵다. 초등학교 아이들 한 반에 3분의 1이 정서장애 아동이라는 통계 결과를 볼 때 많은 아이들이 정서적인 어려움을 해결하지 못하고 문제를 안고 있다는 것을 확인할 수 있다.

어른을 무서워하지 않고 혼나는 것을 못 참는 아이들, 조금이라도 혼이 나면 대들기 일쑤인 아이들이 늘고 있는 상황이다. 반항장애는 권위에 순종하지 않거나 반항하며 자극적인 반대를 일삼는 것으로 대개 부모나 교사를 향해 이런 행동을 보인다. 이런 행동을 하는 아이들은 사회성장애나 학습장애 등을 초래하며 같은 또래에 비해 문제 행동이 더 자주 발생한다. 만 3세 무렵에 나타나기 시작해 초등학교 때 주로 발병한다.

아이들이 학교에서 말썽을 부리고 부모나 선생님의 지시를 잘 따르지 않을 때 부모는 '사춘기가 일찍 왔나?' 하고 생각하기 쉽다. 그러나 사춘기 시기의 반항과 반항장애는 엄격히 구분된다. 신체가 성장하면서 2차 성징이 나타나고 호르몬 변화로 인해 사춘기가 되면 아이들은 심리적으로도 충동성이 많아지고 권위에 복종하지 않는 등 반항적인 행동을 드러낸다. 사춘기 시기의 반항은 아이들이 부모로부터 독립해가기 위한 건강한 발달 과업이라고 할 수 있기 때문에 부모가 아이의 성숙을 이해하고 받아들이면 된다. 그러나 아이가 신체 변화가 오기 전에 적대적인 반항을 보인다면 사춘기가 일찍 왔다고 생각하기는 어렵다. 친구들과의 관계, 부모와 선생님과의 관계, 학업에 심각한 문제나 장애가 생긴다면 반항장애를 의심해야 한다. 학령기 아동의 5~15% 정도가 적대적 반항장애를 갖고 있으며, 여자아이보다 남자아이가 차지하는 비율이 더 크다고 한다. 아이가 반항장애를 겪고 있는지 살펴보고 적절하게 대처해야 갖가지 부적응을 예방할 수 있다.

명식이는 왜 반항장애가 생겼을까? 병원에서는 반항장애를 제때 발견해 치료를 시작하면 효과가 좋다는 말을 해주었고, 반항장애의 원인은 바로 부모이기 때문에 명식이의 치료와 함께 부모들도 상담 받기를 권했다. 명식이 엄마는 자신의 양육 방법에 문제가 있었음을 알게 됐고 부모 교육에 참여해 명식이를 제대로 이해하고 명식이와 긍정적인 소통을 하기 위해 노력하는 중이다.

명식이 엄마는 직장 맘이다. 바쁜 생활을 하다 보니 명식이를 여유 있게 보살피지 못했고 명식이에게 잔소리가 심했다. 학교에서 돌아온 명식이에게 쉴 틈을 주지 않고 학원 스케줄을 만들어 명식이에게 공부를 강요했다. 명식이가 학원에라도 가면 엄마의 불안한 마음을 덜 수 있어서 엄마가 퇴근하기 전까지 명식이는 학원에서 시간을 보내야 했다. 엄마는 완벽주의 성향이 강해서 저녁에 학원에서 내준 숙제를 다하도록 명식이를 다그쳤다. 명식이는 공부에 대한 스트레스가 심했다. 명식이가 숙제를 하기 싫어할 때는 달래기도 하고 원하는 것을 사주다가 어떤 때는 엄마의 화를 통제하지 못해 심하게 혼을 내거나 때리기도 했다.

명식이의 반항장애는 부모의 잘못된 양육 환경과 방식의 결과로 나타난 것이다. 어릴 적부터 부모와 아이 사이에서 일관된 훈육이 잘 되지 않은 경우 아이가 나중에 반항장애가 될 가능성이 크다. 아이가 반항하고 떼를 쓸 때 부모가 통제력을 잃고 어떤 때는 화를 내면서 폭발하고 어떤 때는 미안함을 느끼면서 지나치게 잘해주면 아이는 혼돈을 느낀다. 아이는 자라면서 반항이나 일탈 행동으로 어른을 대하게 된다.

명식이 엄마는 이제 바뀌어가고 있다. 부모 자신의 일관된 양육 태도가 얼마나 중요한가를 절실히 느끼고 실천해가고 있다. 우선 명식이에게 '해야 할 일'과 '하지 말아야 할 일'을 명확하게 구분해서 이야기해준다.

학교에 가기 싫다고 할 때도 학교는 마음대로 결석하는 곳이 아니라고 단호하게 알려주고 친구를 때리는 것이 왜 안 되는지를 지속적으로 설명해주고 있다. 공공장소에서 지켜야 할 규칙도 세심하게 알려준다. 명식이가 말을 듣지 않을 때도 예전과 달리 화를 내거나 체벌하지 않으려고 노력한다. 명식이에게 짜증내거나 나무라는 대신 차분하게 감정을 가라앉힌 다음 잘못된 행동을 반복해서 설명해준다.

특히 명식이가 반항할 때 예전에는 무조건 혼내고 강압적인 방법으로 제지했던 방법을 바꿔 그렇게 행동한 이유가 무엇인지 먼저 살핀다. 명식이가 떼를 쓰거나 고집을 부려 통제하기 어려울 때, 나쁜 욕을 하거나 친구와 싸움을 하는 등 부적절한 행동을 할 때 부모가 감정적으로 화를 내고 혼을 내도 명식이의 행동이 변하지 않는다는 걸 깨달았다. 명식이가 야단을 맞고 처벌이나 비난을 받으면 남의 탓으로 돌리고 분노가 생긴다는 걸 알았다. 그러다 보면 학업 성적이 떨어지게 마련이고 사회적으로 고립을 겪는 경우도 있다. 명식이는 자신에 대해 점점 자신감을 잃어 더욱 반항적이고 폭력적이 될 수밖에 없다는 것을 알게 된 것이다.

아이의 반항은 나름대로 이유가 있다. 명식이 엄마는 아이의 행동이 자신의 욕구 표현이라고 이해하니 아이에게 명령조의 말보다 이해의 말을 해줄 수 있었다. 또한 명식이의 욕구를 지나치게 억누르지 않고 아이의 이야기를 충분히 들어주면서 스트레스가 쌓이지 않도록 도와주었다.

아이가 가기 싫어하는 학원을 중단하고 아이가 할 수 있을 만큼의 학과 공부를 하게 해주었다. 아이가 공부하는 과정을 중요하게 생각해주고 작은 노력도 칭찬해주려고 노력한다. 지나친 학업 스트레스나 부모가 과도하게 간섭하고 압박감을 주지 않으려 한다. 아무리 피곤해도 저녁에 30분은 아이와 눈을 맞추고 아이의 말을 들어주고 긍정적인 말을 해준다. 최근 명식이는 숙제를 잘해서 선생님으로부터 칭찬 스티커를 받아오기도 했다. 엄마가 서서히 바뀌어가면서 아이의 공격적인 행동이 눈에 띄게 줄어들었다. 아이의 엄마는 내 아이가 자신으로 인해 문제아가 돼서는 안 되겠다는 자각을 했고 엄마의 변화를 가능하게 만들었다.

반항장애 아이를 어떻게 해야 할까?

□ 부모가 감정을 통제하지 못하고 화를 내거나 체벌해서는 안 된다. 불
　필요한 잔소리를 하지 말고 아이에게 말할 때는 명백하고 단호한 말
　로 한다.

□ 아이를 꾸준하게 칭찬한다. 아이의 긍정적인 모습이 보일 때마다 칭
　찬한다. 부모의 인정과 격려를 받으면 아이는 자신의 행동을 조절하
　려고 한다.

□ 부모가 일관된 가치기준을 세운다. 다른 아이와 비교하는 것을 삼가고
　아이가 지켜야 할 규칙을 반복적으로 설명해준다.

06

선행학습의 진실과 엄마의 말

초등학교 1학년인 지환이는 학교에서 돌아오자마자 엄마가 준비한 간식을 먹은 후 책상 앞에 앉았다. 엄마가 정해준 학습지와 학교 숙제를 해야 하는 시간이다. 지환이는 밖에 나가 놀고 싶지만 해야 할 공부를 다 마쳐야 밖에 나가 놀 수 있다고 엄마와 약속했다. 지환이는 책을 펼치고 앉아 있지만 머릿속은 온통 친구와 놀고 싶은 생각뿐이다. 옆에 있던 엄마에게 지환이가 묻는다.

지환: 엄마, 공부는 왜 하는 거야?

엄마: 공부를 잘해야 커서 훌륭한 사람이 될 수 있어. 좋은 직업
　　　도 가질 수 있고 행복하게 살 수 있어. 그러니까 지금은 공
　　　부를 해야 돼.
지환: 왜 나한테 이렇게 힘든 일을 시켜?

지환이 엄마는 한숨이 나온다. 몇 번씩이나 공부를 왜 해야 하는
지 설명해줬지만 공부할 때가 되면 지환이는 반복적으로 이렇게 묻
는다. 어떻게 답변해줘야 아이가 공부의 의미를 깨우치고 스스로 공
부할 수 있을까? 우선 지환이는 공부를 '힘든 일'로 받아들이고 있
다. 공부해야 하는 시간이 되면 자꾸 딴 생각이 들고 엄마가 왜 자신
을 이렇게 힘들게 하는지 이해할 수 없다. 초등학교 저학년 시기는
미래에 대한 개념이 없다. 내일이라는 개념이 없기 때문에 오늘을 산
다. 그래서 "지금은 공부가 힘들지만 미래의 행복을 위해 준비하는
것"이라는 의미를 알아들을 수 없다. 엄마가 설명해주는 공부의 의
미는 아이에게는 한 번도 들어본 적 없는 아프리카 언어처럼 아이의
눈높이에 맞지 않아 이해하기 힘든 것이다. 그래서 그 순간에는 고개
를 끄덕이지만 엄마에게 계속 엉뚱한 질문을 하는 것이다.
"공부는 왜 하는 거야?"라고 묻는 말 속에는 '공부하기 힘들어'라
는 마음이 들어 있다. '공부가 하기 싫고 힘들다'는 표현을 "공부는
왜 하는 거야?"라는 물음으로 표현하고 있는 것이다. 아이의 힘든 마

음을 민감하게 읽을 줄 아는 부모는 공부의 의미에 대해 추상적인 대답을 해주기보다 **"지환아, 공부하기가 힘들어? 지금 하고 싶지 않구나"**라고 대답해줘야 한다. 이렇게 반응하면 아이는 자신의 마음이 받아들여지고 이해받았다는 느낌 때문에 마음이 편안해진다. 그런 다음 엄마는 **"어떤 게 힘들어?" "어느 정도 하면 좋겠니?"**라고 물어서 아이가 힘겹지 않을 정도의 과제 양을 정해 아이가 즐겁게 할 수 있도록 도와줘야 한다.

연령별 평균 집중 시간

연령	집중시간
2세	7분
4세	10분
5~6세	12분
초등학교 저학년	15~20분
초등학교 고학년	30분 이상

지환이 엄마가 지환이에게 시키는 공부의 양을 살펴보니 꼬박 2시간을 해야 마칠 수 있는 양이었다. 위의 표에서 보듯이 초등학교 저학년 아이가 한 번에 집중할 수 있는 시간은 15분에서 20분 정도다. 지환이는 자신의 능력 범위를 벗어나 공부에 과부하가 걸려 있는 상

태다. 이 상태로 엄마가 공부를 끌고 간다면 아이는 공부가 너무 어렵고 힘들다고 생각해 좌절감을 경험할 수밖에 없다. 이후 고학년이 되면 공부를 자발적으로 해내기 어렵다.

공부를 잘하려면 무엇이 가장 필요할까? 교육 전문가들은 공부를 잘할 수 있는 요소 중 가장 중요한 것으로 자신감으로 꼽는다. 자신감이 50%, 공부에 대한 긍정적인 생각이 30%, 공부 방법과 전략을 20%로 본다. 자신에 대한 긍정적인 자아상이 공부에 있어서 가장 큰 부분이며, 공부에 대한 정서적인 느낌도 30%나 되는 것이다.

이제 막 공부를 시작하는 1학년 아이에게 중요한 것은 공부를 많이 시켜서 남보다 앞서 가는 공부를 하는 게 아니라 '공부는 즐겁고 재미있다' '엄마가 도와주면 잘할 수 있다'라고 공부에 대한 긍정적인 기억을 심어주는 것이다. 즉, 자신이 할 수 있을 만큼의 양을 정해 그것을 마치는 기쁨을 매일 느낄 수 있어야 성취감이 쌓이고 공부에 대한 동기가 올라간다.

초등학교 1학년인 아이가 "우리 엄마가 잠에서 깨어나지 않았으면 좋겠어요"라고 말하는 것을 들었다. 왜 그런 생각을 했는지 물었더니 엄마는 눈뜨면 자기가 하고 싶지 않은 공부를 시키기 때문이라고 말했다. 어떤 아이는 공부를 해야 하거나 학원을 가기 전에 밥을 먹을 때 밥알을 하나하나 헤아리듯이 느릿느릿 먹고 행동도 굼떠서 엄마의 애를 태운다. 아이에게 왜 그렇게 천천히 밥을 먹느냐고 물어

보았더니 "학원에 가기 싫어서"라고 대답했다. 많은 아이들이 방과 후에도 다양한 것들을 배운다. 그런데 공부에 대한 흥미가 떨어진 상태로 자발적이지 않은 상태에서 배우기만 한다면 꾸준히 공부하고 즐기는 아이로 자라기 어려울 것이다.

초등학고 시기는 성실하고 근면한 생활 태도를 가르쳐 자신이 해야 할 일을 잘 수행함으로써 다른 사람으로부터 인정받고, 나도 잘할 수 있다는 자신감을 가질 수 있도록 도와줘야 한다. 성실성과 근면성을 제대로 배우지 않으면 무엇을 해도 안 된다는 생각 때문에 열등감이 생기게 된다. 그러므로 아이를 내적 동기 없이 엄마의 욕구에 의해 무작정 배우게 해서는 안 된다. 또 아이 일상이 너무 바빠서 오늘 해야 할 일을 제대로 마무리하지 못하거나 학교 숙제를 빠뜨리는 일이 반복된다면 근면성을 익혀야 하는 이 시기의 발달 과업을 잘 수행하지 못하게 된다.

무기력은 학습된다

'학습된 무기력'(Learnd Helplessness)이라는 말이 있다. 이 용어는 심리학 교수 마틴 셀리그만(Martin Seligman)이 실험을 통해 만들어낸 용어다.

개들을 모아 A와 B 그룹으로 나눴다. A 그룹의 개들에게 전기 충격을 준 후 얕은 칸막이를 뛰어넘으면 전기 충격을 멈췄다. 몇 번의 실험을 반복한 결과 개들은 전기 충격이 오면 칸막이를 훌쩍 뛰어넘게 됐다. '칸막이를 넘으면 전기 충격이 멈춘다'는 사실을 학습한 것이다. 반면 B 그룹은 칸막이를 넘든 넘지 않든 전기 충격을 마음대로 조작했다. 칸막이를 넘어도 전기 충격은 계속 됐고, 칸막이를 넘지 않아도 전기 충격을 꺼주었다. 아무리 빨리 달려도 전기 충격이 온다는 것을 학습한 개들은 그 자리에 주저앉아 괴로워하면서도 전기 충격을 그대로 맞았다. 마지막으로 C 그룹의 개들에게는 아무런 실험도 하지 않았다.

이 세 그룹의 개들을 모아서 다른 방에 넣어주었다. 이 방도 역시 칸막이가 있고, 전기 충격이 온다. 칸막이를 넘으면 전기 충격이 멈추는 방이다. 과연 세 그룹 개들의 행동은 어땠을까? A와 C 그룹 개들은 칸막이를 훌쩍 뛰어넘어 충격을 피했다. C 그룹의 개들은 시간이 좀 걸리긴 했지만 칸막이를 뛰어넘는 행동을 배울 수 있었다. 그러나 B 그룹의 개들은 그대로 자리에 주저앉아 슬프게 짖으면서 전기 충격을 감내하고 있었다.

세 그룹의 개들은 성격에도 차이를 보였다. 실험자가 들어가 개들을 몰거나 꺼내려고 할 때, A와 C 그룹의 개들은 실험자를 물려고 하기도 하고 짖기도 하면서 피하려 했다. 하지만 B 그룹의 개들은 실험자가 무슨 짓을 하려고 해도 저항하지 않고 따르기만 했다. B 그룹의 개들은 자신이 어떻게 해도 통제 불가능한 상황을 겪음으로써 자신의 행동이 상황을 전혀 바꿀 수 없으며 무엇을 해도 소용없다는 무기력감을 학습한 것이다.

이 실험 결과는 사람에게도 적용된다. 학습된 무기력은 한 과제에 대해 여러 번의 실패를 경험하는 상황을 지칭한다. 자신의 능력으로 통제 불가능한 상황이 반복됨으로써 자신은 그 일을 해결할 수 없다고 생각하고 무기력에 빠지게 돼 더 이상 어떤 시도도 하지 않게 된다. 이런 느낌이 다른 일에 확대되면 일상생활이 어려워지고, 극단적인 경우 우울증에 빠지고 자신은 어떤 일도 제대로 잘할 수 없다고 확신하게 된다. 한 학급당 우울증 아이가 1~3명 정도 된다는 통계 결과는 아이들의 우울증이 심각한 상태에 있음을 보여준다.

아이들이 아무리 애를 써도 공부가 줄어들지 않고 엄마가 자신의 의견을 수용해주지 않으면 우울증이 올 수 있고 공부에 대해 학습된 무기력을 경험하게 된다. 수학을 싫어하는 아이에게 어려운 문제를 풀게 하거나 너무 많은 양의 공부를 강요해 좌절하는 경험을 준다면, 방이 바뀌어 칸막이를 넘으면 전기 충격을 피할 수 있음에도 아무것도 하지 않은 B 그룹의 개들처럼 나중에 공부를 해야 할 때 '어차피 안 될 거야' 하는 생각으로 포기하게 된다.

아이들이 스스로 통제 불가능한 상황에서 심한 마음의 상처를 입으면 무기력감을 없애는 데 오랜 시간이 걸린다. 이런 것을 겪은 사람들은 조그만 일에도 과민 반응을 보이거나, 어떤 고통을 겪게 돼도 어차피 피할 수 없다며 자신을 방치하는 위험한 상태에 놓이기도 한다. 힘든 일, 하기 싫고 부담되는 일, 귀찮은 일 등이 반복되고 그런 일들을 피할 수 없을 때는 아무것도 하기 싫고 아무것도 하지 않게 된다. 통제력을 상실한 아이들은 될 대로 되라는 식으로 행동한다. 자신을 내팽개친 듯한 모습으로 매사에 자신감이 없고 빈정댄다. 더욱 큰 문제는 이 아이들이 타인이나 세상에 대해 막연한 피해의식을 갖고 있기 때문에 욕구 좌절에 따른 공격적인 행동을 할 수도 있다는 점이다.

6학년인 한성이는 학년 말 성적이 곤두박질쳤다. 저학년 때까지는 곧잘 하던 공부였는데 학년이 올라가면서 성적은 미끄러지기만 한다. 한성이는 어떤 것에도 의욕이 없는 무기력한 상태였다. 한성이는 왜 이렇게 됐을까? 엄마에 끌려 공부를 하면서 자신이 원하는 놀이나 운동은 해볼 수 없었고 엄마가 짜준 학습 스케줄 대로 생활해왔다.

한성이는 학년이 올라가면서 수업시간에 어깨가 축 늘어지고, 책상에 엎드리기도 하고, 눈꺼풀이 꺼지기도 하고 멍하게 벽만 바라보는 일이 많아졌다. 교과서를 꺼내지도 않고 비스듬히 앉아 딴 생각에 잠겨 한눈을 팔았다. 저학년 때는 공부도 잘했고 학습에 의욕도 있었다. 선생님으로부터 공부를 잘한다는 소리도 들었다. 그런데 지금은 수업시간에 풀이 죽어 있고 아무것도 하지 않는다. 만사가 다 귀찮고 부담스런 학교생활을 도저히 피할 수 없다는 생각에 짓눌려 있었다.

힘든 일이 끝없이 반복되고 끝날 것 같지 않으면 아이들은 희망을 잃고 열정적이던 의욕도 사라진다. 저학년 때는 열심히 공부를 하던 학생도 주어진 학습량이 지나치게 버겁고 앞으로 공부할 날이 너무 많아 도저히 견딜 수 없을 것 같으면 의욕을 상실한다.

한성이 엄마는 한성이를 특목고에 보내고 싶어한다. 그런데 한성이는 특목고에 가고 싶지 않다. 한성이가 "공부하기 힘들어요"라고 말하지만 엄마는 공부를 시키면 반드시 되고 말 것이라 믿고 있다. 심지어 엄마는 이렇게 말한다.

"열심히 하면 돼. 조금만 참아야 돼. 그래야 행복해질 수 있어."

아이들은 공부 기계가 아니다. 전원을 연결하고 스위치를 켜면 계속 돌아가는 기계가 아니다. 지나치게 주도적인 부모의 아이들은 부모의 기대에 따르지 못한다는 무력감에 빠진다. 한성이가 가장 해보고 싶은 것은 농구다. 그러나 한성이는 습관처럼 "안 될 거예요"를 입에 달고 산다. 그동안 부모에 의해 조종되기만 했을 뿐 자신이 원해서 성취감을 느껴본 기억은 거의 없다.

한성이에게 가장 중요한 것은 성적을 올리는 일이 아니라 자신이 하고 싶은 것을 찾고 즐거운 일을 하면서 성취감과 자신감을 얻는 일이다. 너무 높은 목표를 정하는 것보다 작은 성공을 경험하며 점차 목표를 상향 조정하는 것이 자신감과 통제력을 회복하는 데 효과적이므로 조급한 마음은 금물이다.

무기력이 학습된다면 유능함 역시 학습될 수 있다. 자신이 원하는 즐거운 일을 함으로써 성취감을 얻게 되면 나도 잘할 수 있다는 유능함도 얻게 될 것이다. 초등학교 때 쌓은 유능함은 성인이 돼서도 적극적인 인생을 살아나가는 데 중요한 정서 자산이 된다. 초등학교 아이에게 능력에 맞지 않는 선행학습을 시키거나 아이의 흥미와 무관한 것을 배우게 하면서 무기력을 학습하게 하기보다 아이가 재미있는 것을 배우면서 유능함을 형성해가도록 도와줘야 한다.

07

인생의 주인공으로
만드는 대화법

"나는 공부가 제일 싫어. 공부가 없는 나라에서 살 거야."

초등학교 2학년인 현수는 엄마가 공부하라는 말에 짜증을 내기 일쑤다. 어느 날은 엄마가 현수에게 수학 문제집을 풀어놓으라고 한 뒤 밖에 나갔다 왔더니 현수는 거실 유리 탁자를 깨놓고 해놓으라는 공부는 하지 않고 밖에 나가고 없었다. 엄마는 현수를 찾아 여기저기 돌아다니다 학교 운동장에서 친구들과 축구를 하고 있는 현수를 발견했다. 화가 난 엄마는 현수를 억지로 끌고 와서 혼을 냈다. 탁자를 왜 망가뜨렸는지 묻자 공부하기 싫어서 야구 방망이로 탁자를 내

리쳤더니 깨져버렸다고 말했다. 일부러 그런 건 아니지만 공부 생각만 하면 화가 나서 참기 힘들다고 말했다. 공부 없는 세상에서 축구만 하고 싶다고 했다.

초등학교 1학년 때의 현수는 엄마가 시키는 대로 공부하더니 2학년이 되면서 공부가 싫다는 말을 자주 하고 엄마에게 대드는 일도 많아졌다. 엄마는 현수가 공부를 열심히 해서 훌륭한 사람이 되기를 바란다. 각종 학원 정보와 학습에 관련된 자료를 수집해 아이 교육에 활용하지만 아이는 엄마의 마음과 달리 딴 생각만 하는 듯해 엄마는 답답하기만 하다. 최근에는 학원을 빼먹고 친구들과 축구하다가 혼이 난 적도 많다. 공부를 시키려는 엄마와 달아나려는 아이 사이의 실랑이가 매일 반복되다 보니 엄마는 아이 키우는 일이 너무 힘들고 지치는 기분이 들었다.

현수가 유난히 공부를 싫어하게 된 이유는 뭘까? 현수가 공부를 시작한 건 여섯 살 때부터다. 현수 엄마는 아이에게 학교 갈 준비를 시키기 위해 학습지를 풀게 하고 학원에 보냈다. 남보다 일찍 시작하면 당연히 공부를 잘하리라 믿었다. 엄마가 준비를 철저하게 해줘야 한다고 생각하고 아이 공부에 속도를 냈다. 현수 엄마는 아이가 힘들어할 것이라는 생각보다 어차피 힘든 공부니 참고 이겨내야 한다는 걸 가르쳐주고 싶었다.

현수가 일곱 살 무렵에 피아노를 그만하고 싶다고 했을 때도 아이 말 들어주지 않고 계속 밀어붙였다. 현수 아빠도 한몫했다. 현수 아빠는 지금 그만두게 하면 습관이 될 수 있으니 계속 시켜야 한다고 주장했다. 아이의 의견을 물어보기보다 부모가 아이 공부를 주도적으로 이끌어온 것이다. 초등학교 2학년이면 막 학교생활이 재미있어지고 조금씩 공부에 흥미를 느끼기 시작하는 때다. 그런데 벌써 공부에 흥미를 잃어버리고 지겹다고 생각한다면 앞으로 더 어려운 공부를 꾸준히 해나갈 수 있을까?

공부를 잘하기 위해서는 공부를 하려는 동기가 생겨야 한다. 초등학교 저학년 아이들은 공부가 힘들어도 참고 이겨내야 한다는 걸 이해하지 못한다. 지금 하는 공부가 재미있고 흥미가 있어야 학업을 유지할 수 있다. 그러려면 공부의 수준과 양이 아이의 능력과 눈높이에 맞아야 한다.

아이들에게 공부에 대한 동기를 떨어뜨리고 흥미를 잃게 만드는 가장 큰 문제가 선행학습이다. 부모는 공부를 일찍 시작하면 잘하리라 믿겠지만 아이들은 공부 기계가 아니다. 공부가 자신의 능력에 비해 버겁다고 느끼면 공부는 혐오 자극이 돼버린다. 공부를 통해 자신감보다 좌절감부터 배우게 된다. 아이의 내면에 공부는 너무 어려운 것, 싫은 것이라는 정서가 생기고 나면 공부 자체를 멀리하고 공부에 전혀 흥미를 느끼지 못하게 된다. 부모가 아이에게 미리 제공해준 학습적인 자극이 오히려 아이에게는 독이 돼버린 것이다.

미래의 아이들이 살아갈 세상은 평생직장이 사라지고 평생직업을 가져야 하는 시대다. 평균 수명은 120년으로 늘어나서 생애 주기가 길어지고 직업도 7~8회를 바꾸게 될 것이라고 한다. 정년의 개념도 사라지기 때문에 아이들은 평생학습 시대를 살아가야 한다. 그러기 위해서는 아이들이 자신에게 필요한 공부를 스스로 찾아서 해나가는 주도적 학습자로서 자질을 길러야 한다.

부모는 미래의 관점에서 아이들의 공부를 바라보고 평생학습 능력을 갖추도록 도와주고 있는지 점검해보자. 카이스트 대학의 러플린 총장은 이렇게 말한다.

"좋은 시험 성적과 등수가 첫 번째 직업을 보장해주겠지만 이후 40년 동안의 생활을 지탱해주지는 않는다."

초등학교부터 수능을 준비해서 좋은 대학에 들어가도 그것이 아이의 나머지 인생을 보장해 주지는 못한다는 걸 인식해야 한다. 초등학교 아이들에게 평생학습 능력을 심어주기 위해서 부모는 어떤 노력을 해야 할까?

우선 아이가 좋은 공부 습관을 만들어가도록 도와주자. 선행학습을 충분히 소화하는 아이는 많지 않을 것이다. 아이의 능력을 고려해 아이가 할 수 있는 수준의 공부를 꾸준히 해나가도록 도와주는 것이 중요하다. 여기저기 학원을 전전하며 바쁜 아이들이 좋은 공부 습관을 형성하기는 힘들다. 아이들이 바쁘지 않도록 하고 스스로 정한 공부를 매일 일정하게 해나가는 생활 관리를 할 수 있어야 한다.

초등학교 1, 2학년 교과서를 살펴보자. 아이들이 배우는 공부 수준은 그리 높지 않다. 부모가 막연한 불안감으로 아이에게 공부에 대한 부담을 주지 않도록 하자. 초등학교 저학년 시기는 많이 하는 공부가 중요하지 않다. 이 시기는 공부 습관과 태도를 만들어가는 시기임을 명심하고 아이가 매일 "했다!"는 느낌을 갖도록 도와주자. 매일 해내는 기쁨을 성취감과 유능함으로 쌓아가게 될 것이다. 이것은 이후 중고등학교에 가서 어려운 공부를 해내는 저력이 될 수 있다.

또 아이들이 즐겁고 재미있는 활동을 할 수 있는 기회를 주자. 아이 스스로 신나게 활동함으로써 '몰입의 즐거움'을 알게 된다. 이것이 성공의 경험으로 이어질 것이다. 청소년 아이들 중 몰입 경험이 많은 아이들이 집중력도 높고 학업 성취도가 높다는 것을 확인할 수 있다. 아이들이 기를 쓰고 하려는 것이 동기다.

어떤 아이든지 하고 싶어 하는 것이 있다. 부모는 공부만 강요하지 말고 아이에게 여러 가지를 경험할 수 있는 기회를 제공하자.

평생 학습력을 키워주려면

□ 좋은 공부 습관을 만들도록 도와주자.
공부는 머리로 하는 것이 아니다. 좋은 공부 습관을 만들어야 꾸준하게 공부를 할 수 있다. 공부가 어렵지 않은 초등학교 저학년 시기에 아이가 할 수 있는 만큼의 양을 매일 꾸준하게 해나가는 것이 평생 학습력의 뿌리가 된다.

□ 성취감은 유능함과 자성 예언의 바탕이 된다.
아이는 정한 학습 양을 매일 해냄으로써 성취감을 쌓는다. 이런 성취감은 '나는 능력 있다' '나는 할 수 있다'라는 유능함을 갖게 하고 자신의 미래는 잘될 것이라는 자성 예언을 하게 만든다. 자신의 미래에 대해 긍정적인 상상을 할 수 있는 아이들은 자신이 상상한 대로 성취해 나간다.

□ 아이가 좋아하는 것을 실컷 해볼 수 있게 해준다.
아이마다 좋아하는 것이 있다. 운동, 음악, 미술 등 공부가 아니라 해도 무엇이든 해볼 수 있도록 하자. 몰입 경험을 통해 아이는 집중력이 좋아지고 '자신 안에 있는 보석'을 발견한다.

아이의 정서 통장을
무한대로 키우자

아이들은 부모와의 교류를 통해 스트로크를 교환하면서 좋은 감정을 나눌 때는 금색 경품권을 모으고 기분이 나쁘거나 결과가 좋지 않을 때는 회색 경품권을 수집한다. 그리고 아이는 자신의 마음 용지에 경품권을 저축한다. 아이의 마음에 모아진 감정 경품권의 수집은 어느 정도 축적되면 사소한 감정의 동요로 "못 참겠어!" 하면서 경품 교환권을 요구하며 폭발한다. 갑작스런 감정의 폭발은 평소에 부정적인 감정이 축적된 결과로 감정의 경품권을 청산하는 과정이다.

예를 들어 피자를 사 먹을 때 주는 쿠폰을 모아 일정 매수가 모아지면 모아진 쿠폰을 피자 한 판과 교환하듯 아이의 마음속에 차곡차곡 쌓인 부정 감정의 경품권을 한순간에 청산하기 위해 감정을 폭발하는 것이다. '티끌 모아 태산'이라는 말이 있다. 겨울에 소리 없이 소복소복 내리는 눈이 무게가 없는 듯 보이지만 눈이 쌓이면 비닐하우스도 무너뜨리듯 아이가 경험한 사소한 부정 감정이 쌓이면 태산처럼 커져서 폭발하고 마는 것이다.

금색 경품권을 모으자

가정이나 학교에서 아이들이 폭력을 휘두르고 일탈하는 일이 발생하는 것도 오랜 시간 동안 부모가 자녀의 자율성을 존중하지 않고 과잉보호하거나 일방적인 지시와 지나친 통제가 아이들 내면에 축적된 부정 감정의 청산이라고 볼 수 있다. 지나치게 친절한 부모는 아이가 할 수 있는 것도 모두 챙겨준다. 어떤 부모는 자신의 생각을 일방적으로 강요하기도 한다. 그럴 때 아이들은 '내 일은 내가 하고 싶다' '내 생각대로 하고 싶다'라고 느끼지만 부모가 아이의 생각을 허용하지 않을 때 아이는 자율성 박탈로 내면에 회색 경품권이 쌓이고 꽉 채워진 경품권은 압력 밥솥에 김이 차면 터져 나오듯 사소한 계기가 생기면 언제라도 폭발하게 돼 있다.

불쾌감을 뜻하는 회색 경품권의 수집은 타인으로부터 부정적인 스트로크를 받아서 얻어진 것과 자신이 수집하는 경우가 있다. 어떤 것이든 아이가 수집한 부정적인 감정의 응어리를 언제 어떤 형태로 청산할 것인지는 스탬프가 어느 정도 수집됐는가에 따라 다르다. 예를 들어 경품권 양이 적다면 머리나 배가 아프거나 자신의 물건을 걸어차는 정도가 될 수 있지만 경품권 양이 많이 수집됐다면 친구의 사소한 실수에도 욕을 하거나 싸우게 될 것이다. 더 많은 양이 축적됐다면 폭력을 휘두르거나 자해하거나 정서장애 증상을 보이게 된다.

부정적인 스트로크를 단 한 번 받았다 해도 회색 경품권(불쾌감)을 많이 수집할 수도 있다. 부모가 한 모욕적인 말이나 수치심을 주는 말은 아이가 생각할수록 분노가 치밀어오르게 해서 경품권이 증가된다. 이런 상태는 아이가 언제 어디서든 그것을 청산하지 않으면 마음이 편안해지지 않는다. 아이는 마음의 부적응 상태를 벗어나기 위해 갖가지 불건전하고 부도덕한 행동으로 표출한다. 아이가 참고 참았다가 한꺼번에 폭발하는 부정적인 행동은 아이 자신에게도 주변 사람들에게도 해로운 결과를 가져오므로 나쁜 감정들을 쌓아두지 말고 그때그때 해소하도록 도와줘야 한다.

아이가 나쁜 감정이 생겼을 때 고함을 지르거나 베개를 주먹으로 치거나 글이나 그림으로 표현하는 등 제때 부정 감정을 해소해 '마음 속에 폭력단'을 만들지 않는 것이 중요하다.

부모도 회색 경품권을 수집하지 말자

부모도 때때로 회색 경품권을 모은다. 부모가 회색 경품권을 수집하는 과정을 보자. 어느 날 아이가 아침에 늦게 일어나서 꾸물거리다가 지각을 했다. 아이의 굼뜬 행동에 속이 터질 지경이었지만 엄마는 꾹 눌러 참았다. 그런데 학교에서 돌아온 아이는 알림장을 학교에 두고 와서 숙제를 확인할 수 없다. 물건을 잘 챙기지 못하고 흘리고 다니는 아이가 미웠지만 엄마는 화를 참으며 같은 반 친구에게 물어 숙제를 알아보도록 했다. 아이한테 숙제를 하라고 일렀지만 아이는 텔레비전 앞을 떠날 생각을 하지 않았다. 텔레비전을 끄라는 엄마의 말에도 아랑곳하지 않고 동생과 장난을 치고 있었다. 동생과 장난치는 것을 본 것이 계기가 돼 엄마는 방아쇠를 당기고 말았다. 엄마는 급기야 아이를 때리고 말았다.

　매를 맞은 아이는 자신이 왜 매를 맞아야 하는지 어리둥절했다. 엄마의 '경품권 교환'은 엄마 자신이 의식하지 못한 상태에서 일어난 일이다. 아이 입장에서 마치 폭력단에게 공격을 받은 기분이며 왜 엄마에게 그런 대접을 받아야 하는지 이해할 수 없다. '동생과 장난쳤다고 매를 맞다니' 아이는 억울해서 엄마를 쳐다보았다. 엄마는 그제야 '내가 너무 했구나'라고 느끼지만 이미 늦었다.

　엄마는 왜 이런 행동을 했을까? 바로 아이가 지각하고, 물건을 잃어버리고, 텔레비전을 보느라 숙제하지 않는 등 아이의 행동에 의해 생겨난 부정 감정을 해소하지 않고 쌓아둔 결과 아이의 사소한 행동에 자신의 회색 경품권을 청산하고 만 것이다. 이렇게 되면 아이는 자신의 행동에 대해 부당한 대우를 한 엄마를 믿지 못하게 되고 엄마와 아이의 관계는 악화되고 말 것이다. 이런 악순환을 되풀이하지 않으려면 부정 감정의 경품권은 모으지 말아야 한다. 가장 위험한 부모는 평소에 친절하게 하다가 아이의 사소한 실수에 사자처럼 돌변해서 폭력을 휘두르는 부모다. 감정은 자신의 책임이다. 부정적인 감정이 '모였다!'라고 느끼면 즉시 청산하려고 노력해야 한다.

　우리의 일상은 다양한 스트로크의 교환으로 이뤄진다. 스트로크의 종류와 질, 양에 따라 여러 감정을 저축하고 언젠가는 그것을 교환한다. 감정은 스스로 축적하는 것이다. 자신의 감정은 타인에 의해 생겨나는 것이 아니라 자신에 의해 생겨난다. 부모는 흔히 "너 때문에 마음을 아파" "너 때문에 속상해"라고 말한다. 그러나 감정은 남의 탓이 아니라 나의 책임이다. 만일 아이로 인해 감정이 상했다 해도 그것은 아이 탓이 아니라 부모 자신의 책임인 것이다. 부모 자신의 감정을 통제할 수 있다면 회색 경품권의 수집으로 인한 감정 폭발을 자제할 수 있을 것이다. 일상생활에서 부정적인 감정을 느낄 때 대책 없이 쌓아두지 않기 위해서는 자신의 부정 감정을 그때그때 해소하고 나쁜 감정을 전환할 수 있는 방법을 가지고 있어야 한다.

아이와 정서 통장을 관리하자

인간관계는 정서 통장과 같다고 한다. 사람은 만나는 순간 서로 은행 통장을 개설하고 만나는 기간 내내 예입과 인출을 하는 것이 인간관계다. 부모와 아이도 서로 정서 통장을 개설하고 살아가는 내내 예금과 인출을 하는 관계다. 아이와의 정서 통장 잔고는 어떻게 되는지 살펴보고 마이너스 계좌가 되지 않도록 정서 통장 관리를 게을리 하지 말아야 한다. 정서 통장에 예금이 되려면 아이가 부모와의 사이에서 '안정감'을 느낄 수 있어야 한다. 아이가 부모에게 신뢰감과 안정감을 느낄 때 서로의 정서 통장에는 예금이 이뤄진다.

<정서 통장>

예금	인출	잔액
부모와의 접촉	안아주거나 쓰다듬어주지 않는다	
마음을 나누고 이해하는 대화	들어주지 않고 비판만 한다	
시간 함께하기	바쁘다는 핑계로 함께 놀지 않는다	
긍정적인 지지의 말	칭찬보다 체벌을 한다	
생일 등 기념일에 선물하기	관심이 없다	
약속을 잘 지키기	약속을 잊어 버린다	
부모의 일관된 모습	감정 조절이 안 돼 화를 잘 낸다	

부모는 아이를 잘 키우고 싶어서 아이가 잘하는 행동은 당연시하면서 잘못하거나 실수할 때는 바로 지적한다. 부모에게서 긍정적인 이야기를 듣지 못하고 부정적인 말만 듣고 자라면 자연히 부정적인 자아 개념이 자리 잡게 된다. 반대로 긍정적인 지지의 말을 듣고 자란 아이는 긍정적인 자아 개념이 자란다.

긍정적인 자아 개념을 가진 사람

□ 자기가 하는 일이 잘될 것으로 여긴다.

□ 실패해도 이유를 찾아내 다시 도전한다.

□ 다른 사람과 문제를 해결할 때 남의 이야기를 잘 듣고 자신의 생각도
　당당하게 주장한다.

□ 다른 사람과 협력하면서 문제를 해결한다.

아이의 정서 통장에 무한대의 금액을 예금하자. 아이가 행복한
삶, 자신이 원하는 삶을 살기 위해서는 반드시 정서 통장을 키워주
자. 그것은 앞으로 아이가 인생을 살아나가는 든든한 종자돈이 될 것
이다. 그 종자돈은 금전이 아니라 바로 부모와 함께한 추억과 기억들
이 될 것이다. 부모의 사랑을 듬뿍 받고 자란 기억은 아이의 자존감
이 되고, 아이의 공부 능력이 되고, 행복한 삶의 밑바탕이 된다.

"외나무가 되려거든 홀로 서고
숲이 되려거든 함께 서라"

말 농장을 하는 아버지가 있었다. 그에게는 딸이 한 명 있었는데 자신의 뒤를 이어주길 바랐다. 그러기 위해서는 딸이 혼자 밤에 마구간에 가서 말에게 먹이를 줄 수 있어야 했다. 어느 날, 아버지는 현관에서서 딸에게 등불을 주며 불빛으로 어디까지 볼 수 있는지 물었다.

"대문까지 보여요."
"그럼 대문까지 등불을 들고 가보렴."
딸이 대문에 도착하자 아버지가 말했다.
"이젠 어디까지 보이지?"
"마구간까지 보여요."
"그럼 마구간까지 걸어가 보렴."

딸이 마구간에 이르자 아버지가 외쳤다.

"잘했어. 이제 마구간의 문을 열어보렴."

잠시 후 소녀는 말이 보인다고 했다.

"아주 잘했다. 이제 말에게 먹이를 줘 볼래?"

흐뭇한 표정을 지으며 집으로 돌아온 딸에게 아버지는 등을 두드리며 말했다.

"뭐든지 처음이 힘든 거야. 하지만 한 발자국만 내디디면 다음부터는 걷기만 하면 된단다."

언젠가 읽었던 글의 내용이다. 나는 이 글을 부모 교육 시간에 부모님들과 함께 읽으며 좋은 부모가 된다는 것, 아이에게 승자 각본을 주는 것이 무엇인지를 생각해보곤 한다.

위 글의 아버지는 어떤 점이 훌륭했을까? 다양한 생각을 할 수 있겠지만 나는 이 아버지가 딸이 할 수 있을 만큼 시도해보게 하면서 기다려준 점이라고 생각한다. 딸은 자신의 능력만큼 시도하면서 성취의 기쁨을 느낄 수 있었다. 아버지는 자신의 눈높이가 아니라 아이의 눈높이에서 아이의 성취를 인정하고 기뻐해주었다. 그것이 아이가 또 다른 시도를 해볼 수 있는 동기와 용기를 심어주게 됐고 결국은 **'해냈다!'**는 뿌듯한 성공 경험을 맛볼 수 있었다.

우리는 어떤가? 아이가 부모의 기대만큼 하지 못할 때 느긋하게 기다리고 지지해줄 수 있는가, 아니면 성급한 마음에 아이를 다그치고 재촉하는가? 부모의 태도에 의해 아이는 자신의 인생 각본을 승자 각본으로 쓸 수도 있고 패자 각본을 쓸 수도 있을 것이다.

승자 각본을 가진 사람은 실수나 실패를 하더라도 남을 원망하거나 자신을 비난하지 않고 **다시 한 번 해보자**는 정신으로 또다시 시도하며 자아실현을 해나간다. 반면에 패자 각본을 가진 사람은 남을 탓하거나 자신의 능력을 비하하고 타율적이고 수동적인 태도로 살아간다. 모든 부모는 아이가 승자 각본을 쓰길 바랄 것이다. 그렇다면 부모 자신이 아이의 모델이 돼야 하며 아이의 일상 속에서 긍정적인 경험을 누리며 성장해 나가도록 부모가 도와줘야 할 것이다.

대부분의 나무는 뿌리의 크기와 모양이 줄기와 비슷하지만 지구상에서 가장 키가 큰 나무인 아메리카 삼나무는 나무의 키에 비해 뿌리가 얕다고 한다. 그런데도 이 나무가 매서운 폭풍에도 쓰러지지 않고 버틸 수 있는 이유는 나무의 뿌리가 서로 엉켜 지탱해주고 쓰러지지 않도록 버팀목이 돼주기 때문이라고 한다. 한 그루의 나무는 뿌리가 약하지만 나무가 서로 지탱해주면서 안전한 기반을 구축해 위험한 상황을 이겨내는 것이다. 우리의 삶도 마찬가지다. 인간 한 사람은 연약하지만 서로 함께 협력할 때 엄청난 시너지를 창출해낼 수 있다. 아이들이 자타 긍정의 인생 태도를 가지고 성장할 수 있도록 도와주는 부모가 되기를 바란다.

“외나무가 되려거든 홀로 서고 숲이 되려거든 함께 서라”는 인디언 속담이 있다. 빨리 가려면 혼자서 가고, 오래가려면 함께 가라고 말하기도 한다. 부모가 자녀와 좋은 관계를 맺고 함께 가는 법을 보여주면 아이는 **긍정적인 인생 태도**를 배우게 될 것이다.

아이들은 부모가 하는 말과 행동을 통해 자신의 인생 각본을 써나간다. 그 각본이 승자 각본이라면 아이는 자발적인 사람이 되고 스스로 정한 목표를 달성해나가며 자신의 **능력과 잠재력을 충분히 발휘하는 사람**이 될 것이다.

KI신서 2939

스스로 할 줄 아는 아이로 키우는 대화법
듣는 엄마, 말하는 아이

1판 1쇄 인쇄 2010년 10월 22일
1판 1쇄 발행 2010년 11월 3일

지은이 송지희 **펴낸이** 김영곤 **펴낸곳** (주)북이십일 21세기북스
출판컨텐츠사업부문장 정성진 **생활문화팀장** 김선미
영업마케팅본부장 최창규 **영업 · 마케팅** 김용환 이경희 김보미 허정민 김현유 우세웅
출판등록 2000년 5월 6일 제10-1965호
주소 (우413-756) 경기도 파주시 교하읍 문발리 파주출판단지 518-3
대표전화 031-955-2100 **팩스** 031-955-2151
이메일 book21@book21.co.kr **홈페이지** www.book21.com **커뮤니티** cafe.naver.com/21cbook

값 12,000원
ISBN 978-89-509-2693-9 03370